I0029913

AFFERMAGE DES CANAUX.

OBSERVATIONS

PRÉSENTÉES

PAR LE COMITÉ DES HOUILLÈRES FRANÇAISES.

COMITÉ CENTRAL DES HOUILLÈRES FRANÇAISES.

— NORD —

HOUILLÈRES d'Anzin, d'Aniche, d'Azincourt, de Douchy, de Vicoigne, de Thivencelles; — de Liller.

— OUEST —

HOUILLÈRES de Layon et Loire, du Chalonnais; — de la Mayenne et de la Sarthe.

— EST —

HOUILLÈRES de Schœneckou.

— CENTRE —

HOUILLÈRES de Rioupéroux, de la Comp. générale de la Loire, de la Chazotte, de la Péronnière, de St-Étienne
— et d'Alpnz, de Montchanin, de Langprodu, d'Epinac; — de Commentry, de Bézenet, de Doyet,
de Brassac; — de Decize.

— SUD —

HOUILLÈRES de l'Aveyron; — de la Grand'Combe.

PARIS,

IMPRIMERIE ET LIBRAIRIE ADMINISTRATIVES DE PAUL DUPONT,
46, rue Grenelle-Saint-Honoré.

1851

V

AFFERMAGE DES CANAUX.

OBSERVATIONS

PRÉSENTÉES

PAR LE COMITÉ DES HOUILLÈRES FRANÇAISES.

COMITÉ CENTRAL DES HOUILLÈRES FRANÇAISES.

— NORD —

HOUILLÈRES d'Anzin, d'Aniche, d'Azincourt, de Douchy, de Vicoigne, de Thivencelles; — de Littry.

— OUEST —

HOUILLÈRES de Layon et Loire, de Chalonnes; — de la Mayenne et de la Sarthe.

— EST —

HOUILLÈRES de Schœnecken.

— CENTRE —

HOUILLÈRES de Firminy, de la Comp. générale de la Loire, de la Chazotte, de la Peronnière, de St-Chamond; — de Blanzy, de Montchanin, de Longpendu, d'Épinac; — de Commentry, de Bezenet, de Doyet; — de Brassac; — de Decise.

— SUD —

HOUILLÈRES de l'Aveyron; — de la Grand'Combe.

PARIS,

IMPRIMERIE ET LIBRAIRIE ADMINISTRATIVES DE PAUL DUPONT,
45, rue Grenelle-Saint-Honoré.

1851

COMITÉ DES HOUILLÈRES.

OBSERVATIONS

SUR LE RAPPORT

DE LA COMMISSION DE L'ASSEMBLÉE LÉGISLATIVE,

CHARGÉE

DE L'EXAMEN DES PROJETS DE LOI

RELATIFS AU RACHAT DES ACTIONS DE JOUISSANCE DU CANAL DU RHONE AU RHIN
ET DES QUATRE-CANAUX.

Le Gouvernement présente des projets de loi pour le rachat des actions de jouissance des Quatre-Canaux et du canal du Rhône au Rhin.

M. le Ministre des finances a présenté, le 16 novembre 1850, deux projets de loi disposant qu'il sera procédé, dans les formes prescrites par la loi du 29 mai 1845, au rachat pour cause d'utilité publique des actions de jouissance de la Compagnie du canal du Rhône au Rhin, et de la Compagnie des Quatre-Canaux.

L'Assemblée législative a nommé une commission qui a choisi pour rapporteur M. Berryer. Le rapport a été déposé le 4 juillet 1851.

La Commission de l'Assemblée législative propose le rejet de ces projets de loi et y substitue une proposition d'affermage des canaux de 1812.

La commission conclut au rejet des propositions du gouvernement, et y substitue un projet d'affermage, non-seulement des canaux dont les projets de loi du gouvernement s'occupaient, mais encore d'autres canaux qui comptent parmi nos plus importantes voies de communication.

Importance considérable de cette question.

Lorsque l'on sait que les canaux dont la commission propose ainsi de disposer ont une longueur totale de 1970 kilomètres, c'est-à-dire près de la moitié de la longueur totale de la canalisation de la France ; lorsque l'on sait que ces canaux touchent à presque tous les points importants du territoire, et s'appellent : *le canal du Rhône au Rhin, le canal de Bourgogne, le canal du Centre, le canal du Nivernais, le canal latéral à la Loire, le canal du Berry, le canal d'Arles à Bouc, les trois canaux de Bretagne ;* lorsque l'on sait que ces divers canaux ont une circulation moyenne annuelle de près de trois cents millions de tonnes de marchandises transportées à 1 kilomètre ; on comprend qu'il est peu de questions économiques dignes de plus d'intérêt pour l'Assemblée législative.

Nécessité de l'examen le plus approfondi.

Mais pour que l'Assemblée puisse aborder avec fruit une pareille question, et lui donner une solution convenable, sans doute elle aura voulu faire étudier la question sur toutes ses faces ; elle aura voulu les enquêtes les plus minutieuses ; elle aura voulu qu'on l'entourât de faits vrais, de chiffres vrais...

A prendre tous les noms des commissaires nommés par l'Assemblée, on ne peut pas douter que telle ait été, en effet, sa volonté. On ne peut pas douter que telle ait été aussi la volonté des commissaires.

Mauvais système suivi par les commissions parlementaires pour l'étude des questions économiques.

Mais il y a quelque chose de plus fort que toutes ces bonnes volontés, c'est le système, c'est le mode de travail adopté depuis de longues années, pour l'étude des questions économiques par les chambres, et aussi par les deux Assemblées qui ont gouverné depuis 1848. Ce système est tellement défectueux, il est si peu propre à mettre la vérité en lumière, que les résultats ont toujours été hors de toute proportion avec les immenses moyens dont les commissions parlementaires disposent pour s'éclairer ; quelle qu'ait été l'habileté et le zèle de ces commissions, il est impossible de citer un seul travail sérieux, approfondi, décisif, sorti

de leurs mains sur les questions économiques, quand elles
ont suivi le mode habituel d'examen.

Que sont, en effet, les enquêtes ouvertes par les commissions ? Qui dit : enquête, semble nécessairement dire :
contrôle, publicité ; et dans les enquêtes ouvertes sur les
questions économiques, le contrôle et la publicité semblent
surtout indispensables. Pour quelques questions importantes (1), les assemblées ont fait des enquêtes de ce
genre, dans lesquelles chaque personne interrogée savait
qu'un procès-verbal exact et destiné à être imprimé re-
cueillerait son opinion ; qu'ainsi elle était responsable de
ce qu'elle allait dire ; sous ce frein salutaire de la publicité, on se tient toujours plus près de ce qui est juste et
vrai, et les commissions parlementaires ont pu arriver
ainsi à des résultats très-utiles.

Point de contrôle ni de publicité.

Mais ces sortes d'enquêtes qui devraient s'étendre à
toutes les questions économiques, n'ont été employées
qu'à de très-rares exceptions. L'habitude des commissions
parlementaires, c'est le secret des enquêtes ; de là l'impossibilité à peu près absolue pour elles d'éclairer et d'appro-
fondir les questions économiques, ces questions où viennent
presque toujours se croiser des intérêts de tout genre ; des
prétentions et des spéculations pour lesquelles tous les
moyens de discussion sont bons du moment que le secret
les couvre ; des faits enfin et des chiffres auxquels une
discussion contradictoire pourrait seule donner leur véritable sens et leur valeur réelle.

Or, la question du rachat des actions de jouissance et
celle de l'affermage des canaux sont, au plus haut degré,
des questions de ce genre.

(1) Le monopole des tabacs, les droits protecteurs, l'impôt des vins, etc...

C'est sans doute au vice radical que nous venons de signaler dans l'étude et la discussion préparatoire, qu'il faut attribuer les nombreuses erreurs que nous allons avoir à signaler dans le rapport de la commission chargée d'examiner ces questions, et le parti qu'elle a pris de substituer à la proposition du gouvernement le projet de l'affermage des dix canaux de 1822.

Il fallait une enquête officielle et publique.

Mais si ce projet d'affermage eût été proposé par le Gouvernement, il eût été accompagné d'un exposé de motifs, d'un projet de traité avec les fermiers, et d'un projet de tarif. Chacun eût pu se rendre compte de la proposition de l'Etat, et de ce qu'il en avait à craindre ou à espérer ; alors, et malgré le mauvais système des enquêtes, on eût pu encore apporter à la Commission de l'Assemblée des faits et des chiffres propres à l'éclairer.

Du moment que la Commission croyait devoir substituer au projet du Gouvernement un projet complétement différent, n'était-il donc pas de son devoir, de son devoir rigoureux, d'appeler par la publicité la discussion sur ce nouveau projet? Elle en avait les éléments ; il ne s'agissait que de faire réimprimer un travail très-important antérieurement préparé par l'un de ses membres (1) ; il fallait y joindre la proposition des porteurs des actions de jouissance pour l'affermage général et leur projet de tarif, et provoquer sur ces documents la discussion et les contredits de tous les intérêts engagés dans les canaux à affermer.

Supposez une enquête officielle et publique ouverte sur cette immense question, avec procès-verbaux constatant

(1) Ce travail fait, si nous ne nous trompons, en 1849, a été tiré, nous a-t-on dit, seulement à quarante exemplaires. Il est impossible aujourd'hui de s'en procurer un seul.

les opinions et les chiffres de chacun, et destinés à être imprimés et publiés; nous ne craignons pas d'affirmer un de ces deux résultats : ou les idées de la Commission en seraient sorties cent fois plus fortes; ou la Commission (et c'est ce que nous croyons) en aurait reconnu d'elle-même les inconvénients de tout genre.

La Commission annonce avoir entendu toutes les personnes qui pouvaient l'éclairer.

La Commission dira-t-elle que, si son enquête n'a été ni officielle ni publique, elle a, du moins, été très-générale et très-complète? Oui, nous le savons, c'est là la prétention de la Commission; nous trouvons, en effet, la déclaration suivante, à la page 6 de son rapport :

« La commission a entendu toutes les personnes qui « pouvaient éclairer sa religion; les représentants des « compagnies financières des canaux, les directeurs des « grands établissements industriels, les entrepreneurs « de transport, et les délégués de la batellerie. »

Elle est dans l'erreur.

Il y a beaucoup d'erreurs dans cette déclaration. La commission n'a pas entendu toutes les personnes qui pouvaient éclairer sa religion. Quatre conseils généraux et quatorze chambres de commerce (1) protestent de la manière la plus énergique contre le projet de l'affermage général. Nous ne sachons pas que la commission ait entendu un seul de leurs représentants.

Elle n'a entendu aucun des représentants des quatorze chambres de commerce qui protestent.

Elle n'a entendu que quelques industriels, et seulement sur l'idée générale du fermage.

Quant aux directeurs de grands établissements industriels entendus par la commission, si nous sommes bien informés, leur nombre s'est borné à deux, et leur audition

---

(1) Ces conseils généraux sont ceux du Bas-Rhin, du Haut-Rhin, du Doubs et de Saône-et-Loire. Les chambres de commerce sont celles de Strasbourg, de Mulhouse, de Besançon, de Lyon, de Châlon-sur-Saône, d'Avignon, d'Orléans, d'Amiens, de Rouen, de Lille, de Cambrai, de Valenciennes, de Dunkerque et de Paris.

a purement consisté dans quelques observations très-générales sur le principe seulement du fermage, attendu que ces deux personnes interrogées n'en ont ni connu ni pu connaître les détails, non plus que le projet de traité et les tarifs. Il est facile d'imaginer que rien de sérieux et d'utile ne pouvait sortir d'une pareille audition,

Le comité central des houillères n'a été ni appelé ni entendu.

Enfin, le comité central des houillères françaises est bien fondé à dire que la commission n'a ni appelé ni entendu toutes les personnes qui pouvaient éclairer sa religion, car le comité central n'a été ni appelé ni entendu.

La commission ne suppose pas, sans doute, qu'elle ait entendu les houillères parce qu'elle a causé quelques instants avec MM. les gérants du Creusot et de Fourchambault. Ces messieurs, entre les mains de qui nous aurions remis nos intérêts en toute confiance, ne se sont pas présentés au nom de l'industrie houillère, n'ont pas parlé pour elle, n'ont pas eu à défendre ses intérêts. Ils n'en avaient pas mission, et ils n'auraient accepté cette mission qu'à la condition de pouvoir la remplir avec fruit. Or, la seule condition à laquelle cela fût possible était de connaître le projet de traité avec les propriétaires des actions de jouissance et les tarifs. Or, ni eux ni nous n'en avons jamais rien connu de certain, et nous ne craignons pas que cette déclaration formelle de notre part soit contredite par personne.

Il est donc positivement vrai de dire que les houillères n'ont pas été entendues, et cependant la houille est un des articles principaux de la circulation des canaux à affermer. Nous verrons plus loin qu'elle compose plus que le quart de leur circulation totale.

On ne s'étonnera donc pas, quelle que soit notre considération pour les membres de la Commission, et notre admiration pour le talent de son rapporteur, on ne s'étonnera pas, disons-nous, de nous voir intervenir dans cette question, combattre le rapport de M. Berryer, et en contester les faits, les chiffres, les arguments. Nous sommes convaincus que la Commission a mal connu et mal apprécié les faits; que les chiffers qu'elle produit sont de toute inexactitude; que ses arguments ne peuvent résister à un examen sérieux. On jugera, par la suite de ce travail, si c'est nous ou la Commission qui sommes dans l'erreur.

Division du travail. Nous donnerons à ce travail la division suivante :

§ 1er. — Des canaux à affermer; leurs dépenses; leurs recettes.

§ 2. — De la proposition du Gouvernement; son véritable caractère; sa portée; ses limites.

§ 3. — Du rapport de la Commission.

§ 4. — De la proposition des porteurs des actions de jouissance pour l'affermage des canaux, et du projet de fermage de la Commission.

§ 5. — Des tarifs.

§ 6. — Résumé et Conclusion.

§ 1er.

Des canaux à affermer; leurs dépenses; leurs recettes.

C'est la Restauration qui a commencé la grande opération des canaux.

On sait que c'est à la Restauration que la France doit l'établissement du canal latéral à la Loire, et des canaux du Rhône au Rhin, de Bourgogne, du Nivernais, du Berry, de Bretagne et d'Arles à Bouc.

Cette opération a été souvent attaquée.

Cette grande opération de la Restauration a été très-vivement attaquée; plusieurs personnes ont déjà relevé ce qu'il y avait d'injuste et de passionné dans ces attaques;

M. Berryer entreprend de prouver l'injustice de ces attaques.

on comprend que M. Berryer ne pouvait manquer à cette mission; il y consacre, en effet, les premières pages de son rapport.

Mais il se borne à justifier l'opération au point de vue financier.

En le voyant aborder cette partie de sa tâche, nous nous attendions à trouver sous sa plume ce qu'il nous a habitués à trouver sous sa parole, un exposé éloquent et vrai de ce que cette grande opération des canaux a rendu de services réels au pays. Quel n'a pas été notre étonnement en ne rencontrant qu'une réponse à un seul des reproches adressés à la Restauration. M. Berryer démontre que le taux des emprunts contractés par la Restauration pour l'établissement des canaux n'a pas été usuraire. La démonstration est complète, nous le reconnaissons; mais était-ce bien sur ce point qu'il était utile de justifier la Restauration?

Or, c'est la partie faible de l'opération.

Borner cette justification à la partie financière de l'opération, n'était-ce pas précisément en découvrir le côté vulnérable ? Le taux des emprunts n'a pas été usuraire ; c'est hors de doute, mais la concession faite aux compagnies prêteuses d'une part éventuelle dans les produits, et, par suite, la création des actions de jouissance ; mais surtout, le droit accordé à ces compagnies d'intervenir dans le règlement des tarifs, alors même que l'époque de leur entrée en jouissance ne serait pas encore arrivée, ce sont de grosses fautes ; pour alléger quelques centimes sur le taux de l'emprunt, on a légué à l'avenir de grandes difficultés. Ces difficultés se dressent aujourd'hui tout entières devant nous, et le moment serait mal choisi pour en absoudre la Restauration, s'il n'était pas vrai, d'ailleurs, que l'opération des canaux, considérée au point de vue de l'intérêt général, est une des plus belles et des plus fécondes qu'un gouvernement ait pu concevoir.

C'est au point de vue de l'intérêt général que l'opération des canaux mérite la reconnaissance du pays.

C'est là ce que nous nous attendions à voir démontré par M. Berryer ; c'est ce que nous allons prouver à son défaut.

Bases de l'appréciation de l'utilité d'une voie de communication.

Caractère particulier des canaux. Ils déterminent d'immenses créations de richesses.

L'utilité d'une voie de communication, les services qu'elle rend à la communauté ont pour mesure réelle et certaine les quantités de marchandises qu'elle transporte. Ces quantités, lorsqu'il s'agit de canaux, peuvent se considérer comme représentant de la valeur créée à nouveau ; car la presque totalité des marchandises circulant sur les canaux n'eût pas été créée, si elle avait dû emprunter la route de terre ; et, en effet, si l'on prend les états de circulation des canaux, on voit qu'elle consiste pour la presque totalité en houilles, cokes, minerais de fer, castines, pierres, charpentes, vins, sels, toutes choses qui ne se créent que si elles trouvent des transports à bon marché, et qui, sans cette condition, ou demeurent enfouies dans le sol, ou se consomment sur place, dépourvues de toute valeur.

Pour rendre l'étude des circulations plus facile, et arriver à des résultats comparatifs, on est convenu de choisir pour unité la tonne de mille kilogrammes de marchandises transportés à 1 kilomètre. Ainsi, si un canal de 100 kilomètres a transporté dans l'année 80,000 tonnes parcourant toute la distance, on dit que son utilité, que les services qu'il rend, équivalent à 8 millions de tonnes à un kilomètre.

Circulations des canaux en 1847.

Si nous prenons les circulations des dix canaux qu'il s'agit d'affermer, pour l'année 1847, et que nous les multiplions par le nombre de kilomètres parcourus, nous arrivons aux résultats suivants ;

DÉSIGNATION DES CANAUX.	LONGUEUR de CHAQUE CANAL.	TONNAGE.	NOMBRE DE TONNES transportées A 1 KILOMÈTRE.
Arles à Bouc	47 kil.	208,635	9,805,845
Bourgogne.............	242	188,360	45,583,120
Rhône au Rhin........	351	258,645	90,784,395
Nantes à Brest........	367	16,050	5,890,350
Blavet................	60	8,705	522,300
Ille et Rance..........	85	30,915	2,627,775
Nivernais.............	175	47,120	10,370,500
Berry................	320	96,510	42,749,760
Latéral à la Loire......	206	119,510	38,864,090
Centre................	117	123,920	21,795,345
	1,970		268,994,380

Elle est de 269 millions de tonnes transportées à 1 kilomètre.

En nombres ronds, l'effet utile des canaux est donc de 269,000,000 de tonnes à 1 kilomètre.

Les canaux ont coûté 269 millions de francs.

Par une singulière rencontre de chiffres, ces canaux ont coûté 269 millions (exactement 269,742,000).

Formule très-simple pour exprimer l'utilité des canaux de 1822.

L'effet utile des canaux se résume ainsi en une formule simple et saisissante.

Avec une dépense de 1 fr. une fois faite, les canaux ont déterminé une création annuelle de richesse équivalant à mille kilogrammes de marchandises transportés à mille mètres.

Pour chaque fois 5 centimes de rente que l'on a imposée à la France, on lui a créé autant de fois 50 francs de travail annuel.

Une dépense une fois faite de 1 fr. représente cinq centimes de rente. La valeur moyenne de 1,000 kilogrammes des marchandises qui ont circulé sur les canaux est de 50 fr.; en sorte qu'il est vrai de dire que, moyennant chaque rente de cinq centimes, on a assuré à la communauté autant de fois 50 francs de travail annuel.

Telle est la mesure des services rendus par les canaux. Telle a été la fécondité, la puissance créatrice de cette conception; il n'existe pas d'entreprise industrielle qui ait jamais déterminé de créations de richesses dans de telles proportions.

On comprend bien d'ailleurs qu'il ne faut pas entendre ce que nous venons de dire en ce sens que les canaux, par le seul fait de leur établissement, auraient suscité à eux seuls cette immense création de richesses. Les canaux ont été la cause déterminante; l'industrie, l'intérêt privé ont fait le reste. Les canaux ont rendu possible des spéculations, des entreprises, des exploitations impraticables avant eux; ils ont rapproché le minerai, la castine, la houille, le coke; ils ont ouvert des débouchés nouveaux, assuré les développements de la production en lui procurant de nouveaux rayons d'approvisionnements, et c'est par eux que l'on a pu voir sur tout notre territoire les consommations s'étendre et le bon marché se maintenir et s'accroître.

Ils ont été, en un mot, les moteurs les plus énergiques et les plus féconds du travail, énergiques et féconds à un point dont on ne se fait une idée juste qu'après avoir chiffré leur puissance et leur utilité.

C'est pour cela que la reconnaissance de tous les hommes droits et sensés est acquise à la Restauration pour avoir conçu cette grande œuvre de la canalisation du territoire, et au gouvernement de juillet pour avoir continué cette œuvre avec tant d'énergie et l'avoir à peu près menée à fin. C'est pour cela que, quels que soient les services que rendent les chemins de fer, les canaux resteront toujours comme le fondement capital de la puissance productive du pays.

I° Digression sur les chemins de fer. Nous venons de parler des chemins de fer; qu'on nous permette une courte digression à leur sujet. Nous ne voulons, on le comprend bien, ni contester, ni atténuer aucun des services rendus par ces belles créations du génie moderne; nous voulons prouver seulement que l'opinion qui tendrait à subordonner complétement les canaux aux chemins de fer et à prodiguer la fortune publique à ceux-ci au détriment des premiers, serait une opinion absolument en désaccord avec l'intérêt vrai du pays.

Comparaisons des trois principaux chemins de fer avec les cinq principaux canaux de 1822. Si nous comparons les trois principaux chemins de fer de France aux cinq principaux canaux à affermer, nous trouverons que ces diverses voies de communication se classent comme suit :

Nombre des tonnes
à 1 kilomètre :

Canal du Rhône au Rhin . . . . 90,784,395.
Chemin de fer du Nord . . . . 65,000,000.

Canal de Bourgogne.......... 45,583,120.
Canal du Berry............. 42,749,760.
Canal latéral à la Loire........ 38,864,990.
Canal du Centre........... 21,795,345.
Chemin de fer d'Orléans...... 18,949,712.
Chemin de fer de Rouen...... 18,220,491.

Si l'on recherche maintenant la dépense par kilomètre de chacune de ces voies de communication, on trouve les résultats suivants :

Chemin de fer de Rouen (1).......... 490,338 fr.
Chemin de fer d'Orléans........... 444,255
Chemin de fer du Nord............ 339,514
Canal de Bourgogne............ 230,000
Canal latéral à la Loire........... 163,000
Canal du Rhône au Rhin........... 90,000
Canal du Centre.............. 84,000
Canal du Berry (petite section)...... 80,000

Les canaux l'emportent sur les chemins de fer, au double point de vue de la dépense et des transports de marchandises, dans la proportion de 5 à 1.

En résumé, les cinq canaux ont coûté 155,000,000 fr., et ont créé une valeur de 236 millions de tonnes à 1 kilomètre. Les trois chemins de fer ont coûté 324 millions de tonnes et transportent 102 millions de tonnes. L'avantage d'utilité des cinq canaux sur les trois chemins de fer est dans la proportion de 5 à 1.

Nous savons bien que l'on peut dire qu'à côté du service rendu pour le transport des marchandises, il y a le

---

(1) Chemin de fer de Rouen : nombre de kilomètres exploités, 137 ; dépenses de construction, 67,178,338 francs. Chemin de fer d'Orléans, kilomètres exploités, 131 ; dépenses de construction, 58,197,481 francs. Chemin de fer du Nord, kilomètres exploités, 586 ; dépenses de construction, 198,955,271 francs.

service rendu par les chemins de fer pour le transport des personnes, et qu'une certaine partie de leur dépense est afférente à ce dernier transport ; mais, en même temps, nous prions qu'on remarque que ce que nous avons dit de la puissance créatrice des canaux et de leur faculté de faire sortir du sein de la terre des richesses qui, sans eux, y seraient restées enfouies, n'est pas vrai, au même degré du moins, pour les chemins de fer. Tout le monde le sait ; la presque totalité des marchandises circulant sur les chemins de fer sont des marchandises enlevées à d'autres voies de transport. Sans doute, ils développent certains débouchés, et déterminent certaines créations de richesses par l'économie de leurs tarifs ; mais ils déplacent encore plus de richesses qu'ils n'en créent, et il est loin d'en être de même pour les canaux.

Revenons directement à notre sujet.

Nous venons de montrer ce que c'est que les canaux au point de vue de l'intérêt général. Voyons maintenant ce qu'ils sont au point de vue du Trésor.

Recettes des ca-
naux.

Voici leurs recettes pendant les sept dernières années :

1844	3,382,566 fr.
1845	4,142,656
1846	4,641,360
1847	5,167,488
1848	3,193,024
1849	3,839,063
1850	4,251,825

Loi de progres-
sion de ces recettes.

La première réflexion que fait naître cette série de sept années, c'est la loi de progression croissante suivie par les recettes des canaux.

De 1845 à 1844, l'accroissement est de 760,090 f.

De 1846 à 1845, il est de.......... 498,704

De 1847 à 1846, il est de............ 526,128

La moyenne de l'accroissement de cette série de quatre. années est de .... 594,974 f.

La révolution de 1848 déprime les recettes de près de 2 millions, et les fait tomber au-dessous même de ce qu'elles étaient en 1844. Mais, dès 1849, elles reprennent leur marche ascendante.

De 1849 à 1848, l'accroissement est de 646,039 f.

De 1850 à 1849, il est de........... 412,762

La moyenne de l'accroissement dans ces trois années est de........... .... 529,400 f.

Et la moyenne générale de la progression des sept années est de....................... 568,744 f.

Le chiffre annuel de la progression est de 568,000 fr.

Pour tout homme de bonne foi, qui n'a point de parti pris à l'avance, qui cherche la vérité pour la vérité elle-même, la loi de l'accroissement annuel des recettes des canaux, mesurée par un chiffre de plus de 550,000 fr., est hors de toute contestation.

Cette loi de progression a échappé à la Commission.

Eh bien! nous demandons comment cette loi si palpable, et qu'il était si important de constater, a été complétement laissée dans l'ombre par la Commission.

Elle établit ses calculs sur la moyenne des six années 1845 à 1850. Mais les années 1848 et 1849 sont évidemment exceptionnelles.

Quel est le mode suivi par la Commission pour faire apprécier les recettes des canaux? La Commission (pages 8, 9, 10) prend les recettes des canaux dans les six dernières années, 1845 à 1850, et trouve qu'elles ont été de 25,297,327 fr.; d'où elle conclut à une recette moyenne brute de 4,216,221 fr.; en sorte que l'année normale

2

pour la recette des canaux serait l'année moyenne entre 1845 et 1846.

Est-ce donc sérieusement que la Commission admet les années 1848 et 1849 pour établir ses moyennes ? Ces deux années, par suite de la révolution de février 1848, ont subi des dépressions de recettes de 1,500,000 fr. à 2 millions, et on les fait entrer en compte ? La Commission admet-elle donc que des événements comme ceux de 1848 doivent normalement se reproduire tous les six ans ? Non, la Commission ne le croit pas, et nous sommes fondés à lui dire que, dans le système qu'elle adopte pour calculer les recettes des canaux, il y a une erreur évidente.

La Commission appelle l'année 1847 (page 12) une année de prospérité extraordinaire pour les canaux. Nous demandons, de bonne foi, en quoi l'année 1847 a été plus extraordinaire par rapport à 1846, que cette année 1846 n'avait été extraordinaire par rapport à 1845, et 1845 par rapport à 1844, et 1844 enfin (dont les recettes sont de 3,382,000 fr.) par rapport à 1843, dont les recettes, si nous ne nous trompons, n'ont pas atteint 3 millions.

Suivant le système de la Commission, il faudrait donc dire que 1850 a été aussi une année de prospérité extraordinaire, car cette année surpasse 1849 de plus de 400,000 fr. ; et l'année 1849 serait donc bien plus extraordinaire encore, car elle surpasse 1848 de près de 650,000 fr. !

La loi de progression des recettes n'est pas particulière aux canaux de 1822.

Cette loi d'accroissement est-elle d'ailleurs un fait exceptionnel ? ou bien faut-il supposer que les canaux de 1822 ont d'abord imprimé un grand élan à la puissance productive des pays qu'ils traversaient ; que maintenant tout leur effet utile est produit et que leurs tonnages et leurs recettes seront désormais stationnaires ?

Voici le relevé des recettes de plusieurs de nos canaux :

Exemple du canal du Midi.

Canal du Midi, administré par une Compagnie particulière.

Périodes de perception.	Recettes nettes.
De 1686 à 1705	147,900
1706 à 1725	279,500
1726 à 1745	220,700
1746 à 1765	268,600
1766 à 1785	462,000
1786 à 1807	426,600
1808 à 1825	994,400
1826 à 1843	1,554,700

Et du canal du Centre.

Canal du Centre, administré par l'État.

De 1700 à 1720	400,000
1721 à 1740	415,000
1741 à 1760	670,000
1761 à 1780	760,000
1781 à 1800	780,000
1801 à 1820	1,500,000
1821 à 1840	2,000,000

Nous n'avons pas les recettes des autres canaux, mais nous pouvons y suppléer par les documents suivants, relatifs aux circulations sur les canaux du Loing et de Saint-Quentin.

Canal du Loing.

	Nombre de tonnes à 1 kilomètre. Chiffres moyens des 5 années.
Années.	
De 1814 à 1818	13,158,757
1819 à 1823	9,961,672
1824 à 1828	14,470,265
1829 à 1833	13,740,888
1834 à 1838	15,496,645
1839 à 1843	19,976,006

Canal de Saint-Quentin.

1845	62,585,280
1846	69,987,801
1850	81,083,259

Cette loi d'accroissement se retrouve partout, dans les recettes des chemins de fer, dans les recettes générales de l'Etat; il n'est pas de fait économique plus péremptoirement établi.

A côté d'un pareil fait, procéder par moyennes et par courtes périodes, et y admettre des années de révolution, c'est méconnaître les vérités les mieux établies (1).

---

(1) La Commission nous paraît avoir poussé aussi loin que possible l'erreur du système des moyennes dans un tableau donné par elle à la page 51 de son rapport, pour faire connaître le tonnage des marchandises transportées par les canaux.

Quelles années choisit la Commission ? les années 1847, 1848 et 1849!

Or, voici les tonnages de chacune de ces années :

1847	268,994,380 tonnes à 1 kilomètre.
1848	157,171,980 —
1849	173,746,277 —

La Commission en conclut que le tonnage moyen est de 182,235,500 tonnes

Erreurs du même genre commises par la Commission dans l'évaluation des dépenses.

Dans l'évaluation des dépenses, la Commission nous paraît avoir commis des méprises plus graves encore.

Afin de ne pas être accusés de grouper des chiffres, nous reproduirons ici ceux de la Commission. Voici le relevé général des recettes et dépenses donné à la page 9 du rapport.

	DÉPENSES ANNUELLES.			RECETTES.	PRODUITS NETS.	DÉFICITS.
1845	ordinaires	3,307,302	3,982,125	3,943,501	11,376	»
	extraordinaires	624,823				
1846	ordinaires	3,108,089	4,217,961	4,659,699	441,738	»
	extraordinaires	1,109,872				
1847	ordinaires	3,134,153	4,087,966	5,195,465	1,107,499	»
	extraordinaires	953,813				
1848	ordinaires ..	3,273,891	3,837,875	3,407,774	»	430,101
	extraordinaires	563,984				
1849	ordinaires	2,469,878	2,835,404	3,839,063	1,003,659	»
	extraordinaires	365,526				
1850	ordinaires	2,746,429	3,010,521	4,251,825	1,241,304	»
	extraordinaires	564,092				
			21,921,852	25,297,327	3,805,576	
	A déduire le déficit.............				430,101	
	Reste net...........				3,375,475	

Moyenne des 6 ans.... 562,579 fr.

Si la Commission n'a pas eu d'autre but, en présentant ce relevé, que d'établir le compte du Trésor pour les années 1845 à 1850, point d'objections à ses chiffres, ils sont tous vrais.

à 1 kilomètre. Nous devons faire remarquer d'abord qu'il y a là une erreur de chiffres; la moyenne est de 199,970,879 tonnes à 1 kilomètre. Mais cette faute de calcul n'est rien comparée à l'incroyable erreur de raisonnement qui a porté la Commission à mêler l'année normale 1847 avec les années exceptionnelles de 1848 et 1849, et à composer sa moyenne avec une seule année normale et deux années qui ne le sont évidemment pas.

Mais tel n'est pas le but de la Commission. Il s'agit pour elle de prouver 1° que les canaux sont improductifs dans les mains de l'Etat; 2° qu'on ne saurait trop se hâter de remettre ces canaux à des fermiers, et de leur accorder tout ce qu'ils demandent, attendu qu'en leur livrant les canaux *l'État ne leur livrerait aucun revenu!*

On pourrait croire que nous exagérons les conclusions de la Commission. Voici ses propres paroles :

« La moyenne du revenu brut présenté dans les comptes
« ministériels est de 4,216,221 fr. pour six années ; mais
« cette perception de l'Etat comprend le décime qui ne
« serait pas perçu par les fermiers ; il y aurait donc pour
« ceux-ci à déduire 421,622 fr. du produit net annuel de
« 562,579 fr. Il ne resterait ainsi à ces fermiers qu'un
« excédant de 140,937 fr. de la recette sur les dépenses,
« et ces fermiers devant être assujettis au payement de
« l'impôt qui ne s'élèverait pas à moins de 100,000 fr.,
« il faut reconnaître qu'en leur livrant les canaux dans les
« conditions actuelles, *l'État ne leur laisserait aucun re-*
« *venu,* et qu'ils n'en pourraient obtenir un que par les
« travaux d'achèvement, par l'intelligence de l'exploita-
« tion, par un meilleur système dans l'exécution des tra-
« vaux d'entretien et de réparation. »

Remarquons d'abord l'inexactitude de ces expressions :
« La moyenne du revenu brut présenté dans les comptes
« ministériels est de 4,216,221 fr. »

Que la Commission dise qu'en groupant d'une certaine façon les chiffres extraits des relevés fournis par l'administration, elle trouve pour les six années qu'elle a choisies un revenu brut de 4,216,221 fr., d'où elle conclut un revenu net de 562,000 fr., arithmétiquement parlant, la

Commission calcule juste ; mais à chacun son œuvre et ses calculs : ce ne sont pas là ceux du Gouvernement. Le Gouvernement, dans son exposé de motifs, déclare que le revenu net des canaux, considéré au point de vue de l'affermage, est, non de 562,000 fr., mais de 2,408,000 fr.

D'où vient cette différence? d'un raisonnement tout simple fait par le Ministre, raisonnement qui nous paraît à l'abri de toute contestation.

La Commission confond les dépenses ordinaires et extraordinaires.

Discutant les offres qui lui ont été faites pour le fermage, offres dont une des clauses importantes était que toutes les dépenses extraordinaires et d'amélioration seraient faites par le fermier au moyen de fonds spéciaux fournis par lui, formant un compte distinct du compte d'entretien et d'administration, et pour lesquels l'Etat garantirait un intérêt, le Ministre fait remarquer qu'en se plaçant à ce point de vue, il faut, pour apprécier ce que l'on donnerait au fermier en lui donnant les canaux, distinguer dans les dépenses faites par l'Etat pour les canaux les dépenses ordinaires et les dépenses extraordinaires.

Au point de vue du fermage, cette confusion est inadmissible, puisque le fermier devrait avoir un compte séparé pour les dépenses extraordinaires dont l'Etat garantit l'intérêt.

Il est bien évident qu'il en doit être ainsi, et que l'Etat ne pourrait pas admettre, au compte des dépenses courantes du fermier, des dépenses extraordinaires que le fermier serait autorisé à lui porter au compte du capital dont l'Etat garantit l'intérêt.

Prenant donc l'année 1847 comme base de ses calculs, le Ministre les établit ainsi :

Produit des canaux en 1847......... 5,195,465
Dépenses d'entretien d'administration et de personnel..... 2,970,549

A reporter......... 2,970,549 5,195,465

Report................ 2,970,549   5,195,465

Sur lesquels il faut déduire une somme de **183,812 fr.**, montant de l'économie faite dans le personnel par une meilleure organisation................ 183,812

    Dépenses normales........   2,786,737

        Revenu normal.....   2,408,728

Ici, nous devons faire remarquer une légère erreur dans le compte du Ministre ; il n'évalue les dépenses d'entretien, administration et personnel qu'à **2,970,549 fr.** ; et ce chiffre est bien celui que fournit le Ministère des travaux publics. Mais il faut y ajouter une somme de **163,604 fr.**, formant, au Ministère des finances, le montant des frais de perception, et ces deux sommes réunies forment celle de **3,134,153 fr.**, pour le montant réel des dépenses d'entretien, administration et personnel, faites sur lesdits canaux par l'Etat, en 1847. L'estimation du Ministre doit donc être diminuée de............. 163,604

    Il reste pour le revenu net réel........ 2,245,124

Sauf la légère erreur que nous venons de signaler, qu'y a-t-il, de bonne foi, à reprendre dans le calcul présenté par le Ministre. La Commission dit que l'année 1847 est une année exceptionnelle ; nous croyons avoir fait pleine justice de cette opinion. Quant à la confusion maintenue par la Commission entre les dépenses ordinaires et les dépenses extraordinaires, nous croyons que l'on comprend bien, après les détails dans lesquels nous venons d'entrer, que du moment qu'il s'agit d'établir le compte des revenus qu'on aurait à concéder au fermier, cette confusion est inadmissible, et que ce qu'il faut mettre en regard du revenu brut, ce sont les dépenses ordinaires seulement.

Reprenons ces mêmes chiffres d'où la Commission a déduit le revenu moyen de 562,000 fr., et écartant la partie des dépenses que le fermier serait autorisé à porter en compte à l'État, cherchons le revenu que les canaux lui auraient donné de 1846 à 1850.

ANNÉES.	DÉPENSES NORMALES.	REVENU BRUT.	REVENU NET.
1845.......	3,307,302ᶠ	3,943,501ᶠ	636,199ᶠ
1846	3,108,089	4,659,699	1,551,610
1847.......	3,134,153	5,195,465	2,061,312
1848.......	3,273,891	3,407,774	133,883
1849......	2,469,878	3,839,063	1,369,185
1850.......	2,746,429	4,251,825	1,505,396

La moyenne du revenu net est de 1,209,597 fr.

Ainsi, même en adoptant la marche suivie par la Commission, la moyenne des années 1845 à 1850 est de plus de 1,200,000 fr., et non de 560,000; mais nous avons dit et péremptoirement prouvé, ce nous semble, que ces calculs fondés sur des moyennes sont de toute inexactitude. Nous ne reviendrons pas là-dessus, et nous maintiendrons avec le Ministre que le vrai chiffre d'où il faut partir pour aborder la question de l'affermage, c'est :

1° L'excédant constaté ci-dessus des recettes de 1847 sur les dépenses normales de cette même année, soit....................................... 2,061,312 fr.

2°. L'économie réalisée dans les autres
années sur les frais de perception, soit...   183,812.

2,245,124 fr.

Plus l'on étudie la situation vraie de cette opération des canaux, plus l'on acquiert la conviction que le revenu net, assuré au fermier, à qui ils seraient concédés, varierait de 2 millions à 2 millions et demi, dès la première année où la France aurait repris du travail, en retrouvant la sécurité.

Le revenu net de 1850 est déjà à peu près le même que celui de 1846 ; que la crise de 1852 se dénoue heureusement, et il est hors de doute, à nos yeux, que cette même année retrouvera le revenu de 1847. Avec la loi d'accroissement que nous avons signalée et qui est si constante, le revenu brut des canaux oscillera dans peu d'années entre 5,500,000 f. et 6,000,000. On parle de la concurrence des chemins de fer. Dans les premiers moments où cette concurrence se produit, il y a une dépression de recettes, cela est vrai ; mais cet effet n'a pas de durée, et l'on voit aujourd'hui, sur tous les canaux concurrents des chemins de fer, les circulations s'accroître, ainsi que les revenus.

Quant aux dépenses, ou ce que la Commission développe avec tant de soin sur les avantages des associations privées pour gérer les canaux est entièrement dénué de sens, ou les associations fermières des canaux en feraient l'entretien et l'administration à moindres frais que l'Etat, et y retrouveraient au delà du dixième de la recette brute, dixième que la Commission veut retrancher quand elle établit le compte général du fermier, oubliant que si le

Le revenu moyen des canaux doit s'estimer, d'ici à quelques années, de 5 millions et demi à 6 millions.

fermier ne doit rien diminuer des dépenses de l'État, son intervention ne se justifie pas.

Combien l'État dépense-t-il aujourd'hui ? Sa plus forte dépense a été de 3,300,000 fr., sa plus faible de 2,500,000 fr. Admettons 3,100,000 fr. de dépenses annuelles (1).

3,100,000 fr. de dépenses pour 1,970 kilomètres, c'est 1 fr. 60 par mètre de dépense normale d'entretien, d'administration et de perception, résultat parfaitement conforme à tout ce que l'on sait sur les canaux.

3,100,000 fr. de dépenses, cinq millions et demi à six millions de produits brut, telle est, à nos yeux, la situation vraie des dix canaux que la Commission propose de livrer à des fermiers.

Nous n'avons (nous le déclarons de la manière la plus formelle) aucun parti pris à l'avance contre la remise des canaux à des associations privées. Nous ne contestons pas certains avantages que peuvent présenter ces associations si d'ailleurs les lois de concession sont étudiées avec soin, les tarifs bien calculés, et si, dans les traités avec les compagnies, l'on a su défendre, à la fois, et les intérêts du Trésor, et ceux du commerce et de l'industrie.

---

(1) Il y a trois périodes dans les dépenses des canaux :

Dans les premières années, les travaux d'étanchement, les consolidations des remblais et des talus constituant une période chère, il faut calculer 1 franc 80 centimes à 2 francs par mètre pour l'entretien et l'administration.

Dans la seconde, la cunette est étanchée et les terrassements consolidés ; c'est la période économique. La dépense normale peut se fixer de 1 franc 60 centimes à 1 franc 70 centimes le mètre.

Dans la troisième, les travaux vieillissent ; il y faut des remaniements, des reconstructions. L'entretien normal se fixe alors de 2 francs à 2 francs 25 centimes le mètre.

Les canaux à affermer sont pour dix à quinze ans encore dans la deuxième période.

Mais nous sommes sérieusement effrayés, nous le confessons, lorsque, pour arriver à mettre les canaux dans les mains d'associations privées, nous voyons une Commission parlementaire se laisser aller à des entraînements pareils à ceux que nous avons dû déjà signaler, représenter comme complétement stérile et dénuée de revenus une opération qui donnait, deux années après l'ébranlement de 1848, un revenu net de 1,500,000 fr., revenu qui s'était élevé antérieurement à 2,200,000 fr.

Si de telles erreurs ont pu se commettre au point de vue des intérêts de l'Etat, quelles erreurs ne sont pas à craindre au point de vue de l'industrie et du commerce? Nous en aurons, en effet, de bien graves à signaler; mais, d'abord, nous avons à discuter les projets présentés par le Gouvernement, et ici encore nous remplirons une lacune du travail de la Commission, car il est positivement vrai de dire qu'elle n'a pas discuté les projets qui lui étaient soumis.

§ II.

**Des projets de loi présentés par le Gouvernement ;
leur caractère ; leur portée ; leurs limites.**

Le premier projet de loi présenté par le Gouvernement
est conçu en ces termes :

Texte des projets de loi présentés par le Gouvernement. « ART. 1er. — Il sera procédé, dans les formes pres-
« crites par la loi du 29 mai 1845, au rachat, pour cause
« d'utilité publique, des droits attribués à la Compagnie
« des quatre Canaux par la loi du 14 août 1822, et repré-
« sentés par les actions de jouissance des canaux de Bre-
« tagne, du Nivernais, du Berry et latéral à la Loire. »

« ART. 2. — Le capital qui aura été fixé pour le prix
« du rachat sera payable en trente annuités, composées
« chacune de l'intérêt à 4 %, et du fonds d'amortissement
« nécessaire pour opérer en trente ans la libération de
« l'État. »

Le second projet de loi est identique et s'applique au
canal du Rhône au Rhin.

Résumé de l'ex-posé des motifs. Un exposé de motifs très-substantiel est joint à ces projets de loi. Les Ministres (le ministre des finances et celui
des travaux publics), après un historique rapide de la formation des Compagnies financières pour le prêt de l'argent
nécessaire pour l'établissement des canaux, rappellent les
diverses concessions accessoires faites à ces Compagnies,

et notamment celle d'un partage éventuel dans les produits (1), et celle d'un droit d'intervention dans les tarifs. Ils font connaître l'abus qui a été fait de ce droit d'intervention par les Compagnies, abus poussé si loin par la Compagnie du Rhône au Rhin et par celle des Quatre-Canaux, que le Gouvernement, en présence d'une réduction indispensablement nécessaire dans les tarifs, a dû passer outre, nonobstant leur opposition, sauf à elles à se pourvoir en indemnité devant le conseil d'Etat.

Ces abus, qui datent déjà de loin, ont amené la loi du 29 mai 1845, laquelle dispose que les concessions faites aux Compagnies prêteuses, et qui sont représentées par les actions dites de jouissance, peuvent et doivent disparaître pour cause d'utilité publique, et détermine le mode selon lequel les actions de jouissance seront rachetées.

L'exposé de motifs fait connaître ensuite les propositions faites à l'Etat par les porteurs des actions de jouissance pour racheter ces actions et affermer les canaux. Les Ministres établissent que les propositions faites à l'Etat ne sont au fond qu'un moyen déguisé d'arriver au rachat, à très-haut prix, des actions de jouissance, et qu'il ne s'agit ici que d'une spéculation financière, nullement d'une spéculation industrielle et commerciale.

Les Ministres déclarent d'ailleurs qu'ils n'ont pas de parti pris contre le fermage des canaux, et nous citerons ici leurs propres paroles qui donnent à leurs deux projets de loi leur véritable sens.

---

(1) Le partage dans les produits commence, pour la Compagnie du canal du Rhin au Rhin, en 1858; pour celle du canal de Bourgogne, en 1868; pour celle du canal d'Arles à Bouc, en 1864; pour celle des quatre canaux, en 1865 (Nivernais), 1866 (latéral à la Loire et Berry), 1867 (Bretagne).

« Soit que le Gouvernement finisse par affermer, soit
« qu'il conserve l'exploitation, la loi d'expropriation est
« nécessaire. Dans le premier cas même, il serait avan-
« tageux pour l'Etat de faire rendre cette loi et de faire
« fixer l'indemnité avant de conclure aucun arrangement ;
« sa position serait alors mieux connue, et le traité de-
« viendrait d'autant plus certain et plus facile que les dif-
« ficultés résultant de l'appréciation exacte de la valeur
« des actions de jouissance auraient disparu.

« Le projet de loi ne préjuge donc rien..... »

Les projets de loi sont l'application de la loi du 29 mai 1845.

Ce passage, nous le répétons, donne à la proposition
du Gouvernement son véritable caractère ; son but est de
débarrasser cette grande question des canaux de ces mal-
heureuses actions de jouissance, instruments d'une intervention abusive, d'une opposition déplorable. Il ne s'agit
même pas, suivant le projet de loi, de racheter immédiatement ces actions, mais d'en fixer la valeur. L'étude de
la loi du 29 mai 1845, en vertu de laquelle le Gouvernement demande à procéder, ne permet pas, en effet,
d'aller plus loin sans un nouvel appel à l'autorité législative.

Etude de cette loi.

Voyons donc ce que c'est que cette loi du 29 mai
1845 (1).

Texte de la loi du 29 mai 1845.

(1) Voici le texte de la loi :

ARTICLE 1er.

Les droits attribués aux Compagnies par les lois des 5 août 1821 et 14 août
1822, représentés par les actions de jouissance des canaux exécutés par voie
d'emprunt, pourront être rachetés par l'Etat, pour cause d'utilité publique.
Ces rachats ne pourront s'opérer, pour chaque Compagnie, qu'en vertu de lois
spéciales.

ART. 2.

Le prix du rachat sera fixé par une commission spéciale, instituée pour

La première de ses prescriptions est celle à laquelle le Gouvernement a obéi en présentant ses deux projets de

---

chaque Compagnie par une ordonnance royale, et composée de neuf membres, dont trois seront désignés par le ministre des finances, trois par la Compagnie, et trois par le premier président et les présidents réunis de la cour royale de Paris.

Art. 3.

Les trois membres dont le choix est réservé à la Compagnie seront élus dans la forme établie par ses statuts pour la nomination des directeurs et administrateurs.

Art. 4.

Si, dans le délai de deux mois, à partir de la mise en demeure, la Compagnie n'a pas nommé les trois membres dont le choix lui appartient, le premier président et les présidents réunis de la cour royale de Paris y pourvoiront d'office, à la requête du ministre des finances.

Art. 5.

La commission, en se constituant, élira, à la majorité des voix, son président et son secrétaire.

Elle ne pourra délibérer si elle ne compte au moins sept membres présents.

La constitution de la commission sera notifiée à la Compagnie, en la personne de ses directeurs et administrateurs.

Art. 6.

Si, pendant trois séances consécutives, les trois membres nommés par la Compagnie ou par le ministre des finances s'abstenaient de prendre part aux délibérations de la commission, il sera pourvu à leur remplacement conformément à l'article 4.

Art. 7.

Après que la commission aura prononcé, le rachat ne deviendra définitif qu'en vertu d'une loi spéciale qui ouvrira, s'il y a lieu, les crédits nécessaires, et qui devra être proposée aux Chambres dans l'année qui suivra la décision.

Toutefois, si dans l'année il n'intervient pas de loi portant allocation des crédits nécessaires pour le rachat des droits attribués à une Compagnie, le rachat ne pourra plus avoir lieu qu'en vertu d'une loi nouvelle.

Art. 8.

Les lois spéciales présentées en vertu de la présente loi fixeront le mode de payement des actions de jouissance, et détermineront les effets de l'expropriation.

loi ; il faut que, pour chaque Compagnie à racheter, il intervienne des projets de loi spéciaux.

La loi fixe ensuite le mode de composition du tribunal chargé d'apprécier la valeur des actions de jouissance.

Quand ce tribunal a prononcé, tout est-il consommé ? L'Etat est-il obligatoirement tenu d'exécuter la sentence, fût-elle même erronée ; de payer les actions de jouissance au taux fixé par le tribunal arbitral, fût-il même excessif ? Nullement ; et c'est ici qu'apparaît la profonde sagesse de la loi du 29 mai 1845.

L'article 7 de cette loi est ainsi conçu :

« Après que la Commission aura prononcé, le rachat
« ne deviendra définitif qu'en vertu d'une loi spéciale,
« qui ouvrira, s'il y a lieu, les crédits nécessaires, et qui
« devra être proposée aux chambres dans l'année qui
« suivra la décision.

« Toutefois, si dans l'année il n'intervient pas de lo
« portant allocation des crédits nécessaires pour le rachat
« des droits attribués à une Compagnie, le rachat ne
« pourra plus avoir lieu qu'en vertu d'une loi nouvelle. »

Ainsi, le dernier mot dans cette grave question appartient au Gouvernement et à la législature. Si l'Etat trouve que le prix fixé aux actions de jouissance constitue pour le public un sacrifice supérieur à l'intérêt qu'il peut y avoir à racheter les actions de jouissance, l'Etat ne présente pas la loi de crédit ; si l'Etat présente cette loi, le pouvoir législatif peut la rejeter. La loi de 1845 est donc une loi éminemment conservatrice des intérêts du trésor et de ceux du public, et il est difficile d'imaginer comment des projets de loi, qui sont la fidèle et stricte application des premières dispositions de cette loi de 1845, ont pu être

critiqués comme engageant et compromettant les intérêts
du trésor et ceux du public.

On a voulu trouver dans l'article 2 des projets de loi
un prétexte à cette allégation. Cet article est ainsi conçu :

« Le capital qui aura été fixé pour le prix du rachat
« sera payable en trente annuités, composées chacune de
« l'intérêt à 4 pour cent et du fonds d'amortissement né-
« cessaire pour opérer en trente ans la libération de
« l'Etat. »

On a prétendu que cet article annulait virtuellement
l'article 7 de la loi de 1845 ; mais la préoccupation la
plus obstinée peut seule évidemment prêter une pareille
portée à cette disposition des projets de loi. Il est clair
qu'elle n'a pas d'autre but que de fixer les intéressés et
les arbitres sur le point très-essentiel du mode de payement,
si le payement a lieu. Mais le payement aura-t-il lieu?
C'est là ce qui ne peut se décider et s'effectuer que dans
les formes et sous les garanties prescrites par l'article 7
de la loi de 1845. Payement intégral, payement par an-
nuité, peu importe ; il n'y a payement que si le Gouvernement présente une loi de crédit, et si la législature
l'adopte.

On a oublié d'ailleurs que l'article 2 des deux projets
de loi est purement et simplement l'exécution de l'article 8
de la loi du 29 mai, article ainsi conçu :

« Les lois spéciales présentées en vertu de la présente
loi fixeront le mode de payement des actions de jouissance.»

Que sont donc, en définitive et au fond, les deux projets
de loi? Ils sont, qu'il nous soit permis de le dire, la seule
chose pratique et sensée qui pût être faite aujourd'hui,
qu'il s'agit d'aborder enfin sérieusement cette question si

difficile, si compliquée et si mal connue des canaux.

Les projets présentés par le Gouvernement constituent l'enquête sur les canaux. Ils n'engagent pas et ne peuvent engager ni le Trésor ni l'Assemblée.

Ils sont la mise à l'étude de cette question; c'est une enquête ouverte sur les canaux devant un tribunal composé précisément pour que la contradiction s'y manifeste dans toute sa vivacité, et qu'ainsi la lumière s'y fasse entière. Les Compagnies propriétaires des actions de jouissance, le trésor, l'administration des travaux publics, le commerce et l'industrie, viendront devant ce tribunal exposer et défendre tour à tour et contradictoirement leurs intérêts, et dire ce qui leur paraîtra être la vérité pour le présent et pour l'avenir.

D'une telle enquête, d'une telle lutte, il ne peut manquer de sortir ce que personne n'a jamais possédé jusqu'ici : la connaissance de la valeur réelle des canaux, de leurs actions de jouissance, de leurs produits actuels et futurs.

S'effrayerait-on de cette lumière? croirait-on qu'il serait plus facile ou plus sage de disposer des canaux quand on ne sait pas ce qu'ils sont, que lorsqu'on le saura?

Le Gouvernement ne l'a pas voulu, et nous demeurons convaincus qu'il a fait sagement.

Utilité d'une enquête sur les actions de jouissance.

Quel inconvénient peut présenter cette étude approfondie de la valeur réelle des canaux? Nous n'en apercevons aucun, et nous y voyons de grands avantages.

Certains canaux ont évidemment quelque valeur, et leurs actions de jouissance seront appréciées à un prix rapproché de leur cote actuelle. Certains autres, au contraire, n'ont aucune valeur, et ne sont cotés que par des manœuvres de Bourse. Où est le mal qu'il intervienne sur ces valeurs une appréciation saine et désintéressée? Il ne peut y en avoir que pour ceux qui spéculeraient sur l'ignorance du public.

Les actions de jouissance constituent aujourd'hui un double et très-grave embarras.

Le gouvernement veut-il continuer à administrer les canaux ? Mais les propriétaires des actions de jouissance, par un abus évident des conventions, contestent à l'État le droit de régler les tarifs selon ce qui convient à l'intérêt public.

Le Gouvernement veut-il affermer les canaux ? Les actions de jouissance, au milieu de cette obscurité qui pèse sur la question des canaux, constituent un empêchement absolu à la formation de Compagnies sérieuses ; ne voulant les canaux que pour les canaux eux-mêmes, ces Compagnies reculent devant l'inconnu, c'est-à-dire devant le prix auquel les actions de jouissance pourraient être évaluées et devraient être rachetées.

Aussi, une seule combinaison s'est produite jusqu'ici pour racheter, en dehors de la loi de 1845, les actions de jouissance, et cette proposition, faite par les porteurs des actions de jouissance eux-mêmes, n'offre aucune garantie sérieuse.

Avant tout, il faut arriver à une estimation équitable de la valeur des actions de jouissance, et se rendre maître de la situation en débarrassant la question des canaux de l'inconnu, et par conséquent de l'agiotage, qui n'est jamais plus actif et plus dangereux que lorsque les véritables données de la question financière échappent complétement au public.

Que peut-on craindre ? Ou les actions de jouissance seront estimées à un prix élevé, ou on leur attribuera peu de valeur.

Sont-elles estimées haut ? cela veut dire que les recettes

des canaux dépassent leurs dépenses. Si l'État continue à administrer, il trouvera donc dans les canaux de quoi payer les annuités dues aux actions de jouissance. S'il veut affermer, au contraire, les prétendants au fermage auront des bases fixes pour leurs calculs, soit de dépenses, soit de produits. Alors pourront se former des combinaisons sérieuses et réellement commerciales ; alors on prendra les canaux pour eux-mêmes, et non pour la spéculation financière attachée au jeu sur les actions de jouissance ; alors on aura de véritables fermiers des canaux, et alors aussi on verra disparaître ces combinaisons qui n'ont d'autres raisons d'être que des intérêts étrangers à ceux du commerce et de l'industrie.

Les actions de jouissance sont-elles, au contraire, estimées à une faible valeur ; mais qu'était-ce donc alors que la combinaison du fermage général ? une pure illusion. Les auteurs de cette combinaison font valoir surtout, pour expliquer leurs offres gigantesques, la grande valeur des actions de jouissance, et le sacrifice que l'État devrait faire pour les racheter. Mais s'ils se trompent, que devient leur entreprise ? Dire que les actions de jouissance ont une grande valeur, c'est dire que les canaux peuvent avoir de grands profits. Si ces profits n'existent pas, comment les améliorations promises se réaliseront-elles ? Où la Compagnie générale trouvera-t-elle les fonds nécessaires pour soutenir et mener à fin une entreprise sans produits suffisants ?

Il y a donc tout avantage à étudier sérieusement et à fond cette question des canaux. Les projets de loi présentés par le Gouvernement assurent cette étude ; ils feront la lumière sur une matière qui touche aux intérêts les plus essentiels du commerce et de l'industrie, et qui, cependant, est restée, jusqu'à ce jour, dans la plus complète obscurité. Ils ménagent tous les intérêts, ceux du trésor, ceux des Compagnies, ceux du public ; ils ne compromettent rien ; ils n'engagent rien ; ils n'ont d'autre but, ils ne peuvent pas avoir d'autre fin que la vérité, que des décisions mûrement étudiées, que des combinaisons sérieuses ; c'est pour ce motif qu'ils nous paraissent dignes de toute l'attention de l'Assemblée législative, et que nous sommes convaincus qu'elle les adoptera.

Devant cette conviction, nous devrions, sans doute, borner ici cette discussion. Nous n'aurions toutefois qu'incomplétement mis à jour les erreurs commises par la commission, si, après avoir démontré le peu de fondement de ses critiques contre le projet du Gouvernement, nous ne démontrions pas tout ce qu'il y a d'erroné et de nuisible à la fois aux intérêts de l'État et aux intérêts du commerce et de l'industrie, dans le système d'affermage qu'elle propose de substituer aux projets de l'Administration.

Mais avant d'entamer cette partie importante de notre sujet, il faut d'abord, pour la rapidité et la clarté de la discussion, la dégager de certaines théories invoquées par la Commission comme d'incontestables vérités qui domineraient de très-haut, suivant elle, toute la question. Elles sont très-loin d'être telles à nos yeux, et nous croyons qu'on s'en fera la même idée que nous quand nous les aurons exposées et discutées.

Nous nous occuperons donc d'abord du rapport de la Commission, puis de ses propositions, puis enfin de ses tarifs.

§ III.

Du rapport de la commission.

Les idées générales du rapport de la Commission peuvent se résumer comme suit :

1º L'État est notablement et notoirement inférieur aux associations privées pour l'administration et l'entretien des canaux.

2º En fait de navigation artificielle, ce qui importe au commerce et à l'industrie, ce n'est pas le péage, mais l'économie du fret. Or, l'économie du fret ne peut s'obtenir que par un bon entretien et une bonne administration de la voie navigable. Cette bonne gestion ne se rencontre que chez les Compagnies ; donc, il y a utilité pour le commerce et l'industrie à ce que les canaux soient confiés aux Compagnies.

3º Les réductions de péage ne profitent jamais qu'aux transporteurs, et jamais aux consommateurs, ni aux producteurs.

Voyons si tout cela est aussi solide et aussi vrai qu'on le prétend.

Suivant la Commission, le Gouvernement est inférieur aux Compagnies pour la gestion des canaux.

En ce qui touche à l'infériorité de l'État pour la gestion des voies de communication, s'il s'agissait des chemins de fer, nous serions volontiers du même avis que la Commis-

C'est une erreur : sion; il y a dans les chemins de fer une fièvre industrielle, une complication d'intérêts et de circulations qui s'accommodent mal avec les formes, les contrôles et les entraves nécessaires de l'administration publique.

Mais la gestion des canaux n'offre rien de semblable à celle des chemins de fer.

Au point de vue de l'alimentation ; Au point de vue administratif, une seule question vraiment sérieuse se présente dans les canaux, c'est celle de la bonne dispensation des ressources alimentaires. Eh bien! si l'on consulte les faits, si, par exemple, on compare ce qu'ont fait, à cet égard, les Compagnies propriétaires de canaux, avec ce que l'État a fait là où son action a été complétement libre, comme dans le canal du Centre, il est évident que les Compagnies ne peuvent prétendre à aucune supériorité réelle sur l'Etat.

Au point de vue commercial ; Au point de vue commercial, la seule question vraiment sérieuse pour les canaux, c'est celle des tarifs. Eh bien! si l'on compare aussi les Compagnies à l'État, à ce point de vue on doit reconnaître que l'esprit de fiscalité a été bien plutôt du côté des Compagnies, le sentiment des besoins du commerce bien plutôt du côté de l'Etat.

Au point de vue des tarifs. S'agit-il de l'appropriation plus ou moins habile des tarifs aux besoins du commerce? Nous demandons qu'on nous montre l'ombre d'une différence, à ce point de vue, entre les tarifs des canaux concédés, et ceux des canaux de l'Etat. Où est le génie commercial des premiers? En quoi consiste l'ignorance commerciale des seconds?

S'agit-il de la mobilité des tarifs et de ces remaniements qui attestent l'étude des besoins de l'industrie? Mais qui ne connaît l'histoire des tarifs des canaux de Givors, d'Orléans, de Loing et de Briare et la pression que la routine et

l'immobilité ont longtemps fait peser sur ces Compagnies?
A cette comparaison, l'Etat aurait trop d'avantages.

Nous ne concluons pas de là que la remise des canaux
à des Compagnies serait une absurdité et un malheur public; nous ne voulons pas nous abandonner à cette exagération; mais n'avons-nous pas le droit de demander
qu'on ne se livre pas à l'exagération contraire, et qu'on
ne prétende pas qu'il y a nécessité, urgence même (comme
l'a dit la Commission) à tirer les canaux des mains de
l'Administration, et que le Trésor et le commerce sont
compromis si l'on n'appelle pas MM. les porteurs des
actions de jouissance pour se racheter à eux-mêmes leurs
actions, et pratiquer à l'égard de l'industrie cette bienveil-
lance dont ils sont si sincèrement animés à son égard, que
c'est contre leur opposition formelle et persistante que le
Gouvernement a dû réduire les tarifs?

Rien, dans les faits, ne justifie donc la prétendue infériorité de l'Etat pour la gestion des canaux.

Suivant la Commission, ce qui importe dans les canaux, c'est le fret et non le péage. La Commission est-elle mieux fondée quand elle prétend qu'en fait de navigation artificielle le péage est de
peu d'importance, et que la grande affaire, c'est l'économie
du fret?

C'est une erreur. Que M. Berryer nous permette de le lui dire; cette
théorie n'est pas plus nouvelle qu'elle n'est exacte, et
toute rajeunie qu'elle puisse être par son talent, il ne lui
fera pas prendre rang dans les axiomes économiques.
D'autres, et bien habiles aussi, l'ont essayé avant lui, et
nous ne sachons pas qu'ils y aient réussi. Il y a une bonne
raison pour cela; les faits sont en complet désaccord avec
cette théorie.

Qu'un bon entretien des canaux, un bon aménagement des eaux, de courts chômages, soient essentiels à l'économie de la navigation, rien de plus vrai ; mais lorsque des canaux sont arrivés à un certain état de navigabilité qui, sans être la perfection, assure au commerce sept à neuf mois de navigation, il n'existe plus entre leur fret et celui des canaux en bonne navigation que des différences de quart ou de moitié de centime par tonne et kilomètre.

Faits qui établissent cette erreur. Les lignes de navigation du Nord sont aujourd'hui, on le sait, en excellent état ; leurs bateaux portent 200 tonnes. Les canaux du Centre, au contraire, ne sont pas encore à leur point de perfection, et leurs bateaux ne portent que 100 à 120 tonnes,

Détails sur les frets des canaux. Eh bien ! quelle est la différence de fret entre ces lignes ? Sur celle du Nord, le fret proprement dit est de 1 centime 1/2 à 1 cent. 3/4 par tonne et kilomètre ; il est de 2 cent. à 2 cent. 1/4 sur les lignes du Centre ; il y a quelques années il était de 2 cent. 1/2 à 3 cent. sur ces mêmes lignes. Est-ce à des compagnies que nous devons les progrès que nous avons faits ? Nous les devons purement et simplement à ce que les canaux se sont sensiblement améliorés depuis quelques années dans les mains de l'État ; nous les devons surtout à l'accroissement des débouchés qui a multiplié les moyens de transport ; nous les devons enfin à la plus grande expérience, à la meilleure pratique de nos mariniers. Encore quelques années, et nous serons bien près du fret des lignes du Nord. Quand on nous parle donc des grands bienfaits, des larges économies que nous assurerait l'intervention de fermiers, l'on voit que nous ne pouvons pas nous exalter beaucoup, et que, sans prétendre qu'au point de vue du fret ils pourraient nous nuire, nous ne pouvons pas admettre qu'ils puissent nous être sensiblement utiles.

Si, dans les questions de fret, c'est un grand progrès de réalisé qu'un quart ou un demi-centime par tonne et par kilomètre ; s'il faut de grands efforts, de longues années pour réaliser ce progrès ; si ces petites différences sont cependant presque tout le secret de nos concurrences et de l'extension ou du retrait de nos débouchés, on comprend de suite de quelle importance le péage est pour nous. C'est par demi-centime, c'est, plus souvent encore, par centimes entiers que les péages procèdent. Descendre d'une classe à l'autre du tarif d'un canal, équivaut immédiatement pour nous à dix ans d'efforts, de sacrifices, d'industrie employés à améliorer notre fret.

Ou sait que depuis quelques années le Gouvernement a accordé aux houilles du Centre un tarif similaire à celui des houilles du Nord, 1 centime par tonne et kilomètre ; on sait aussi que les porteurs des actions de jouissance protestent contre cette réduction qui ne leur fait cependant aucun tort, puisqu'ils n'ont droit au partage des produits que dans seize ou dix-sept ans ! On sait qu'ils n'ont consenti à proroger cette réduction qu'à cause de la présentation du projet de loi pour le rachat de leurs actions, et qu'autrement ils auraient exigé le rétablissement du tarif de 2 centimes par tonne et kilomètre.

Le retour aux anciens tarifs des canaux équivaudrait pour les houillères à la suppression du tarif protecteur aux frontières du Nord, plus une prime de 1 fr. par 1,000 kil. en faveur des houilles étrangères.

Or, il n'y a pas de houillère du Centre qui n'ait à faire parcourir à ses produits au moins 250 kilomètres de canaux. Une augmentation de 1 cent. dans les tarifs grèverait donc la houille du Centre allant à Paris faire la concurrence aux charbons belges de 2 fr. 50 cent. par 1,000 kilogrammes.

Eh bien! ces 2 fr. 50 c., c'est à peu près le double de la protection accordée à notre frontière du Nord aux charbons français; cette protection est de 1 fr. 50 c. par 1,000 kilog.

En sorte que, si les porteurs des actions de jouissance réussissaient dans leur menace contre les houillères du Centre, cela équivaudrait non-seulement à dépouiller les charbons du centre de la France de la protection de 1 fr. 50 c. qui leur est accordée contre les charbons étrangers, mais encore à donner à ceux-ci une prime de 1 fr. pour les appeler en France.

Voilà ce que c'est pour nous que les questions de péage; voilà leur importance et leur portée.

Nous pouvons donc, sans hésitation aucune, mettre au rang des pures utopies ces grands changements, ces économies considérables qu'on nous promet dans l'intervention des fermiers. Il n'y a rien de semblable.

Des améliorations à faire sur les canaux, et qui peuvent amener une réduction de fret.

Ce n'est pas que nous contestions les améliorations dont nos canaux sont susceptibles encore et les économies qui en résulteronnt dans nos frets. Nous avons voulu seulement en marquer la mesure et faire comprendre combien la question du péage devait l'emporter dans nos préoccupations sur celle du fret.

Quant aux améliorations en elles-mêmes, voici ce que nous en pensons.

Les plus importantes sont à faire dans les rivières où les canaux débouchent et ne tiennent pas au fermage des canaux.

Elles sont de deux sortes, et les plus importantes ne sont pas à exécuter dans les canaux, mais dans les rivières auxquelles les canaux aboutissent; or, pour celles-ci, nous n'avons rien à attendre que de la sollicitude du Gouvernement.

Pour les canaux eux-mêmes, il y a de très-utiles améliorations à y pratiquer, et surtout pour l'augmentation des ressources alimentaires, d'où résulterait l'augmentation des tirants d'eau, la diminution des jours de chômage, une économie certaine dans le fret. Ces améliorations pourraient peut-être être obtenues plus vite avec des fermiers, mais il faudrait pour cela que ces fermiers eussent pris les canaux pour eux-mêmes, et non pour une spéculation sur les actions de jouissance ; et si l'on nous donne à choisir entre un fermage tel qu'il serait constitué par le projet de la Commission et le maintien de l'état de choses actuel, où le Gouvernement, sans rien demander au Trésor, en dehors des recettes des canaux, pourrait facilement consacrer tous les ans au moins 1 million 500,000 fr. aux améliorations dont nous venons de parler, sans hésiter nous déclarons formellement que nous préférons le maintien de l'état de choses actuel.

La Commission prétend que les réductions de tarifs ne profitent ni au producteur, ni au consommat'; mais seulement au transporteur.

C'est une erreur.

Est-il vrai maintenant que les réductions de tarifs ne profitent ni au producteur ni au consommateur, et ne servent qu'à augmenter les bénéfices du transporteur ?

Les faits donnent un tel démenti à cette assertion, que, dans la crainte qu'on ne suppose que nous exagérons les opinions de la Commission pour les plus facilement combattre, nous rapporterons les expressions même du rapport :

« Pour qui veut observer les faits et ne pas s'aban-
« donner aux vagues séductions des théories, il est trop
« souvent démontré que la réduction des taxes sur les
« objets de consommation et l'abaissement des droits de
« péage n'entraînent pas une diminution de prix au profit

« des consommateurs, et ne contribuent en conséquence
« ni au développement de la production, ni au bien-être
« des populations qui supportent, au contraire, sous
« d'autres impôts, les conséquences de ces réductions irré-
« fléchies. Le prix de la marchandise reste le même, et ce
« que l'État perd n'est gagné que par le commerçant et le
« transporteur; rarement ce bénéfice arrive jusqu'au pro-
« ducteur. »

Nous ne voulons pas tout contester dans ce qui précède; il est fort possible, qu'en ce qui concerne certaines
taxes générales, il en soit ainsi que le dit la Commission;
mais, appliquée aux réductions de tarifs des canaux, l'assertion de la Commission est de toute inexactitude; quelques faits suffiront à le prouver.

Faits qui établissent cette erreur.

Réduction des droits du canal de Saint-Quentin.

Le ministre des finances a chargé, en 1848, une Commission d'examiner la situation de la batellerie du Nord,
dont le fret variait alors, des rives de l'Escaut à Paris,
de 10 fr. 50 c. à 11 fr. 25 c. par tonne de houille. Quelle
mesure la Commission a-t-elle conseillée? L'abaissement
immédiat des droits sur les canaux de la ligne du Nord,
et notamment sur les écluses de l'Escaut canalisé, et sur
le canal de Saint-Quentin. Le Gouvernement a adopté ce
conseil, et a réduit ces droits à moitié, ce qui dégrevait la
houille de 1 fr. 15 c. environ par tonne et réduisait le prix
de transport de 9 fr. 35 c. à 10 fr. 10 c., soit en moyenne
à 9 fr. 72 c. Eh bien! que la Commission s'enquière du
prix actuel des transports de houille entre la Belgique et
Paris; des journaux spéciaux publient ces prix toutes les
semaines : la Commission trouvera que le fret est en ce
moment de 70 à 75 cent. par hectolitre, soit 8 fr. 75 c.
à 9 fr. 37 c. 5 m. par tonne. (*Octobre* 1851.)

Ainsi, non-seulement la batellerie du Nord n'a en rien profité de la réduction des taxes, mais elle a fait subir à ses prix une baisse plus forte que cette réduction des taxes.

Est-ce le producteur qui a profité de cette réduction? Nullement. Tout le monde sait comment se fait le commerce des charbons du Nord. Le producteur cote ses houilles sur les rives de l'Escaut; c'est là que le consommateur vient les prendre après avoir traité avec l'entrepreneur de marine. Ainsi le consommateur parisien débat ses intérêts avec deux parties : l'exploitant et le marinier. Les prix des charbons sont publics; il y a des journaux qui les enregistrent comme ceux de la marine ; qu'on les consulte, et l'on reconnaîtra que les prix des charbons belges ne cessent pas de baisser, et qu'ils entraînent dans leur chute tous les charbons français qui viennent sur le marché parisien.

C'est donc précisément à celle des trois parties qui, suivant la Commission, reste toujours étrangère au bénéfice de la réduction des taxes, c'est au consommateur, et à lui seulement que la baisse des droits sur l'Escaut canalisé et sur le canal de Saint-Quentin a profité. Aussi la consommation des charbons du Nord a-t-elle pris depuis ce moment d'immenses développements à Paris, et l'on a vu plus haut que, tandis qu'en 1846 le canal de Saint-Quentin avait transporté 69,000,000 de tonnes à 1 kilomètre, en 1850 il en avait transporté 81,000,000.

La même Commission administrative qui avait conseillé la réduction des tarifs de l'Escaut et du canal de Saint-Quentin, en 1848, a conseillé aussi, en 1848, la réduction des droits pour la houille et le coke sur le canal latéral à la Loire, et, en 1849, sur le canal de

---

Marginal notes (left column):

Elle ne profite pas à la batellerie.

Elle ne profite pas au producteur.

Elle ne profite qu'au consommateur.

Réduction de droits sur le canal latéral à la Loire, et sur le canal du Berri.

Bérri. Ces réductions étaient temporaires; lorsque leur terme est arrivé, l'industrie, le commerce, les chambres de commerce de tout le bassin de la Loire en ont réclamé la prorogation. Que la Commission veuille bien demander communication de toutes les pétitions venues au ministère des finances, et elle y trouvera la déclaration faite par les industriels et les consommateurs, et surtout par leurs organes officiels, les chambres de commerce, que non-seulement la consommation a profité de toutes les réductions de tarifs, mais que les exploitants ont, à côté de cette réduction, ajouté des baisses de prix sur le carreau des exploitations.

Elle ne profite qu'au consommateur,

Et comment en pourrait-il être autrement? Est-ce que la Commission supposerait qu'il y a des secrets dans l'exploitation, le commerce et la consommation des houilles? Mais il n'est pas un consommateur qui ne soit aujourd'hui parfaitement fixé sur les qualités ou les défauts des diverses houilles qu'il peut consommer; qui ne connaisse et les prix de vente sur le carreau de la mine, et les prix de transport. La concurrence ardente qui partout aujourd'hui se dispute les consommateurs, les éclaire et les instruit bien vite, et il n'est pas si mince réduction de tarifs dont le bénéfice (comme cela est juste d'ailleurs) ne leur profite immédiatement.

A côté de ces faits dont la vérification est si facile, que deviennent les théories de la Commisson?

Autres critiques dirigées par la Commission contre les projets de loi.

La Commission est-elle mieux fondée dans les critiques plus directes, dans les arguments plus spéciaux qu'elle dirige contre les projets de loi du Gouvernement? Elle les a condensés dans les pages 6 et 7 de son rapport; nous les reproduisons dans leur entier :

« Indépendamment de ce que, dans son contexte, le
« projet du Gouvernement n'a d'autre objet que d'impo-
« ser au trésor, pour le rachat des actions de jouissance,
« un sacrifice dont l'importance sera ultérieurement fixée
« par le tribunal arbitral, ce projet ne fait connaître en
« aucune manière comment l'administration se propose
« d'user de la liberté d'action qu'elle veut acquérir au
« moyen de l'opération de rachat.

« L'Etat veut-il se réserver la libre et continue exploi-
« tation de ces canaux? Va-t-il être engagé dans les dé-
« penses de leur achèvement; dans celles qu'exigeront
« les améliorations impérieusement réclamées par les
« besoins du commerce et de l'industrie?

« Comment ne propose-t-il le rachat que d'une partie
« des canaux engagés en 1822?

« Comment améliorera-t-il l'ensemble de la navigation
« intérieure, lorsqu'il aura acquis sur les canaux du
« Rhône au Rhin, du Nivernais, du Berri et latéral à la
« Loire, une liberté d'action qu'il n'aura pas sur le canal
« de Bourgogne, et qui, dans un système général bien
« combiné, serait entravée encore par les droits des con-
« cessionnaires des canaux de Digoin, de Briare, de
« Loing, d'Orléans? Nous doit-on proposer plus tard le
« rachat, pour cause d'utilité publique, de ces canaux
« concédés à perpétuité?

« Le projet de loi se tait sur toutes ces questions, et se
« borne à proposer une dépense considérable, sauf à avi-
« ser plus tard sur ce qu'il conviendra de faire des ca-
« naux libérés. Il a paru à votre Commission que la pen-
« sée des auteurs de ce projet avait été à la fois et de se
« délivrer de l'importunité des réclamations qu'élèvent

4

« les Compagnies protégées dans leurs prétentions par le
« droit écrit en leur faveur dans les contrats, et de se
« donner la faculté de réduire arbitrairement, et au gré
« d'exigences locales ou personnelles, les droits de navi-
« gation sur les canaux ; système qui conduit à l'abolition
« de tout tarif rémunérateur, ou plutôt à la gratuité de la
« navigation artificielle ; système inconciliable avec les
« concessions à titre onéreux des lignes de chemins de
« fer ; système qui interdit au génie industriel toutes les
« entreprises de grande utilité publique ; système qui tend
« à rendre l'Etat propriétaire de toutes les voies de com-
« munication, comme on a voulu le rendre maître des
« mines, des houillères, des assurances, etc. »

Réponse à ces
critiques.

Nous avons déjà prouvé combien la Commission fait
erreur quand elle reproche au Gouvernement de vouloir,
par ses projets de loi sur le rachat des actions de jouissance, *imposer au trésor un sacrifice et de proposer une
dépense considérable.* Les projets de loi proposent une enquête, une étude, une estimation ; rien de plus. Le parti
ultérieur à prendre appartient au pouvoir législatif, et si
ce pouvoir est d'avis qu'il faut affermer les canaux, le
vrai moment, le seul moment opportun pour lui de le dire,
sera celui où l'on viendra lui demander les crédits nécessaires pour le rachat définitif.

Comment l'Etat
peut continuer sans
charges pour le
Trésor l'améliora-
tion des canaux.

« L'Etat, demande la Commission, va-t-il être engagé
« dans la dépense d'achèvement des canaux ? »

L'Etat ne peut-i pas continuer de faire ce qu'il a fait
jusqu'à ce jour ; prendre sur les recettes des canaux ce
qui lui est nécessaire, 1° pour les dépenses ordinaires ;
2° pour les dépenses d'amélioration, et trouver encore

dans les canaux un excédant de recettes. La situation, ce nous semble, n'a rien de déplorable ni d'urgent.

Pourquoi l'État ne propose pas le rachat de toutes les actions de jouissance.

« Comment, continue la Commission, ne propose-t-on « le rachat que d'une partie des canaux engagée en « 1822 ? »

Par cette raison très-simple que les Compagnies du canal du Rhône au Rhin et des Quatre-Canaux ont seules montré cette hostilité persistante et aveugle devant laquelle il n'y avait plus de ressources pour l'Administration publique que dans le rachat; par cette raison que les Compagnies du canal de Bourgogne, du canal d'Arles à Bouc, et celles du canal des Ardennes, du canal de la Somme, de l'Oise canalisée, qui ont aussi des actions de jouissance, n'ont jamais pensé qu'il fût digne d'elles de forcer la main au Gouvernement pour lui faire racheter leurs actions de jouissance, en s'opposant systématiquement à des réductions de tarif qui n'étaient pas seulement dans l'intérêt général, mais encore dans leur propre intérêt. Toutes ces Compagnies, en effet, n'étant appelées que dans un temps éloigné à entrer en partage du revenu des canaux, n'est-il pas clair jusqu'à l'évidence que toutes les baisses actuelles de tarifs sont dans leur intérêt; que c'est avec des tarifs réduits qu'on appelle autour des lignes de navigation de grands capitaux, des exploitations, des usines nouvelles, qui deviennent ensuite pour les canaux des clients aussi sûrs qu'utiles. Si le Gouvernement aujourd'hui voulait faire de nouvelles baisses de droits sur les canaux engagés en 1821 et 1822, toutes les Compagnies prêteuses devraient y applaudir des deux mains, et celles-là y applaudiraient, en effet, qui ne recherchent rien autre chose que la mise en valeur industrielle et commerciale dés canaux. Malheureusement toutes n'ont pas cette saine appréciation de leurs intérêts, et quelques-unes poursuivent un autre but.

« Comment, demande la Commission, le Gouverne-
« ment améliorera-t-il l'ensemble de la navigation inté-
« rieure lorsqu'il aura acquis sur les canaux du Rhône au
« Rhin, du Nivernais, du Berri et latéral à la Loire, une
« liberté d'action qu'il n'aura pas sur le canal de Bour-
« gogne, et qui, dans un système général bien combiné,
« serait entravée encore par les droits des concessionnai-
« res des canaux de Digoin, de Briare, du Loing, d'Or-
« léans? »

L'affermage des canaux de 1822 ne résout pas le pro-blème d'un système général de naviga-tion.

Est-ce que *l'ensemble de notre navigation intérieure* ne se compose que des canaux que la Commission veut affer-mer? Si la totalité des canaux construits ou près d'être achevés est, en France, de près de 4,000 kilomètres, comment l'affermage de 1,970 kilomètres de ces canaux résout-il le problème d'un *système général bien combiné?* Au point de vue de l'ensemble de la navigation, le système proposé par la Commission serait donc tout aussi repro-chable que celui de l'État.

Si l'État entretient et administre tellement mal les ca-naux dont la Commission veut disposer, qu'il y ait urgence à les lui ôter, comment la Commission ne s'effraye-t-elle pas de laisser en ses mains le canal de Saint-Quentin, c'est-à-dire le premier canal de France, et si nous ne nous trompons, d'Europe? Et le canal de la Marne au Rhin, et le canal latéral à la Garonne? Ce sont, certes, de belles et importantes lignes navigables. Par quelle injustice, par quel oubli veut-on assurer à certaines parties du territoire ce régime que l'on proclame si bienfaisant et si libéral des fermiers, et laisser les plus importants canaux sous ce régime que l'on déclare si oppressif et si fiscal de l'Administration?

Ne pourrions-nous pas aussi demander à la Commission si c'est, à ses yeux, un *système général bien combiné* que celui qui tendrait à mettre dans les mêmes mains, comme elle le propose, la ligne de navigation de la Bourgogne, et celle du Bourbonnais, c'est-à-dire deux lignes dont le but principal est précisément de se faire concurrence? Mais nous prions qu'on nous permette d'indiquer seulement ici l'objection, ayant à la développer plus loin.

Répondrons-nous maintenant au dernier paragraphe que nous avons extrait du rapport de la Commission? L'illustre rapporteur qui, dans ses plus véhémentes improvisations, n'a jamais manqué au bon goût qui commande le respect des personnes et des intentions, ne s'est-il pas oublié en laissant sa plume insinuer, contre les Ministres auteurs des projets de loi et le Gouvernement qu'ils représentaient, un reproche très-peu déguisé de socialisme? MM. Fould et Bineau ne seront pas bien embarrassés, sans doute, d'y répondre; pour nous, nous aimons mieux croire que ce passage du rapport n'est pas de M. Berryer.

Il y a cependant dans ce passage une assertion sérieuse et qui, bien que présentée sous une forme violente et amère, mérite qu'on y réponde. « Le Gouvernement, y « est-il dit, a voulu, en présentant les projets de loi, se « réserver la possibilité de réduire les tarifs arbitraire- « ment, et au gré d'exigences locales ou personnelles. »

Nous ne sommes pas chargés de la défense de l'Administration ; mais nous ne craignons pas de dire que cette attaque est profondément imméritée et qu'un seul fait suffit pour y répondre. Ce fait, c'est le relevé que nous avons donné plus haut (pag. 19) des recettes du canal du Midi depuis 165 ans, et du canal du Centre depuis 150 ans ; du canal du Midi, administré par une Compagnie considérée comme le modèle des associations concessionnaires ; du canal du Centre, le seul dont le Gouvernement ait toujours eu l'administration complète et libre.

Est-ce que la progression constante des recettes des deux canaux ne prouve pas que le Gouvernement a été aussi bon gardien des intérêts du Trésor que la Compagnie du canal du Midi avait su l'être des intérêts de ses propriétaires ? Est-ce qu'un gouvernement si facilement accessible qu'on le dit aux *exigences locales ou personnelles* aurait à montrer, comme type de sa gestion des canaux, un relevé aussi démonstratif de sa fermeté dans le maintien des taxes quand elles sont justes ?

Quand le Gouvernement, rentré en possession du canal de Saint-Quentin, a consenti à en abaisser la taxe, il l'a fait en présence d'une opposition excessivement animée de la Compagnie du chemin de fer du Nord, et sur la demande de simples mariniers, isolés, sans lien entre eux, sans représentants accrédités et influents. Est-ce là ce qu'on appelle se laisser aller à des exigences locales et personnelles ?

Nous croyons avoir parcouru le cercle entier des arguments généraux sur lesquels la Commission fonde la préférence qu'elle donne à l'affermage général des canaux sur les projets du Gouvernement. Nous pouvons aborder maintenant l'examen de la proposition des porteurs des actions de jouissance pour l'affermage général, et du projet préparé par la Commission.

§ IV.

De la proposition d'affermage par les porteurs des actions de jouissance, et du projet de fermage préparé par la Commission.

Proposition d'affermage des canaux de 1842 par les porteurs des actions de jouissance.

L'exposé des motifs du Gouvernement fait connaître que le Ministère des finances a reçu deux propositions des représentants des porteurs des actions de jouissance, l'un en 1846, l'autre en 1848. Voici comment est appréciée la seconde proposition, la seule qui nous intéresse, puisque c'est celle-là seulement dont a connu la Commission.

« La seconde proposition d'affermage produite par la « même Compagnie après 1848, dans des circonstances « financières moins favorables, présenterait pour le Tré- « sor, on le répète, des charges plus onéreuses.

Jugement porté sur cette proposition par le Gouvernement,

« Ainsi, le fermier opérerait toujours le rachat des « actions de jouissance, mais il aurait quinze ans au lieu « de huit, à partir de la concession, pour affecter au « perfectionnement des canaux une somme qui s'élèverait, « il est vrai, à 45 millions au lieu de 36.

« Les frais d'entretien, d'exploitation et d'administra- « tion seraient à sa charge, comme on l'avait d'abord « proposé.

« De son côté, l'Etat concéderait à la Compagnie tous « les revenus des canaux durant vingt ans, et, pendant

« toute la durée du bail, garantirait un minimum d'intérêt
« de 5 1/2 p. 0/0, comprenant l'amortissement à raison
« d'un demi p. 0/0 du capital engagé.

« Après la période de vingt ans, l'Etat concourrait pour
« moitié au partage du produit net des canaux, en aban-
« donnant alors toutefois à la Compagnie, en sus de l'in-
« térêt et de l'amortissement de 5 1/2 p. 0/0, un divi-
« dende de 1 p. 0/0.

« La fixation des tarifs appartiendrait à la Compagnie,
« sous l'approbation du Ministre des finances, et sans
« qu'elle pût, d'ailleurs, appliquer des taxes différentes
« sur les mêmes lignes, à des transports de même nature,
« ni dépasser un maximum qu'elle indique, et qui, mieux
« pondéré et basé sur le tonneau de mer, comme seule
« unité d'évaluation, équivaut, en moyenne, aux droits
« réduits résultant des ordonnances de 1843 et 1844.

« En vue d'accroître la circulation sur les canaux affer-
« més, l'Etat s'obligerait enfin, d'une part, à consacrer
« environ 20 millions en améliorations sur les rivières
« affluentes, telles que la Saône, l'Yonne et la haute
« Seine ; d'autre part, à obtenir des Compagnies des che-
« mins de fer de la Loire et de Roanne à Saint-Étienne,
« un abaissement de leur tarif; et des concessionnaires
« des canaux de Loing, de Briare et de Roanne, l'accep-
« tation du maximum dont il vient d'être parlé.

« En résumé, du côté de la Compagnie, dépense de
« 45 millions et de la somme nécessaire pour le rachat
« des actions de jouissance.

« Du côté de l'Etat :

« 1° Remboursement de ce capital ;

« 2° Payement de l'intérêt à 5 p. 0/0 ;

« 3° Abandon du produit intégral des canaux pendant
« vingt ans et de la moitié de ce produit durant les qua-
« rante années suivantes ;

« 4° Concession d'un dividende de 1 p. 0/0 ;

« 5° Enfin, dépense de 20 millions en travaux d'amé-
« liorations.

« Il est évident que, dans ce système, les charges im-
« posées à la Compagnie ne sont qu'apparentes, puisque
« la totalité de ses avances doit lui être remboursée, et
« au fond, l'Etat ne ferait que substituer de nouvelles ac-
« tions de jouissance à celles qui existent aujourd'hui.
« D'un autre côté, sa position à l'égard des tarifs ne serait
« pas changée, et si des circonstances actuellement im-
« prévues venaient à exiger ultérieurement l'abaissement
« du maximum sanctionné par le nouveau marché, il n'en
« aurait point la faculté, et les embarras de la situation
« présente apparaîtraient de nouveau.

« La Compagnie ne demande pas, d'ailleurs, moins de
« quinze années pour exécuter les travaux, et la longue
« durée de cet intervalle de temps enlève tout motif de
« traiter d'urgence avec elle. En effet, dans ces condi-
« tions, point de gros capitaux jetés immédiatement dans
« l'industrie ; point de travail considérable créé de suite
« pour les ouvriers ; point de soulagement pour le Trésor,
« qui non-seulement serait obligé de rembourser l'em-
« prunt à des conditions onéreuses, mais encore de dé-
« penser 20 millions de son côté. »

Le Gouvernement établit ensuite que les recettes nettes
des canaux dépassent 2 millions (nous avons fait connaître
cette partie de l'exposé des motifs), et continue ainsi :

« Or, en partant de ce chiffre, et si le progrès des pro-
« duits, ralenti en 1848 et 1849 par l'effet d'une situation
« anormale, reprend avec les affaires et continue, comme
« il faut l'espérer, l'État trouverait dans ces produits
« mêmes le moyen de faire tous les travaux que la Com-
« pagnie semblait prendre à sa charge, et dans un délai
« aussi court que celui demandé par elle. Il lui suffirait,
« dans ce but, de spécialiser, pendant une période de
« vingt années, les recettes qu'il aurait d'ailleurs aban-
« données également dans le système de l'affermage ; et il
« n'aurait point à supporter, en outre, durant une seconde
« période de quarante ans, le sacrifice d'un intérêt de
« 5 1/2 p. 0/0, d'un dividende de 1 p. 0/0, et de la
« moitié du revenu net. »

Le Gouvernement conclut par le rejet de la proposition.

La Commission n'est pas de cet avis, et elle propose un
projet de loi et un cahier des charges pour l'affermage des
canaux. Nous allons textuellement donner ces deux documents en tout ce qui touche à la question financière, afin
qu'on puisse juger, sur les textes mêmes, qui de nous ou
de la Commission est dans l'erreur.

Projet de loi proposé par la Commission.

Art. 1er.

Texte du projet de loi proposé par la Commission.

« Le Ministre des finances est chargé d'affermer, aux
« clauses et conditions du cahier des charges annexé à la
« présente loi, ensemble ou séparément, les canaux :

« 1° De Bourgogne ;

« 2° Du Rhône au Rhin;

« 3° Latéral à la Loire et ses embranchements;

« 4° Du Centre;

« 5° Du Berri;

« 6° Du Nivernais;

« 7° D'Arles à Bouc;

« 8° D'Ille-et-Rance;

« 9° De Nantes à Brest;

« 10° Du Blavet.

Art. 2.

« L'affermage aura lieu par canal ou par groupe de ca-
« naux que le Ministre des finances déterminera, et au
« moyen d'adjudications passées avec publicité et con-
« currence. L'enchère portera sur la durée de la jouis-
« sance des fermiers.

Art. 3.

« Les adjudications partielles ne deviendront définitives
« qu'autant qu'elles comprendront l'ensemble des canaux
« désignés par l'article 1er, et qu'une adjudication géné-
« rale portant sur ces dix canaux n'aura pas donné des ré-
« sultats plus avantageux que ceux résultant des enchères
« partielles. »

Texte des articles du cahier des charges proposé par la Commission, et qui sont relatifs à la combinaison financière.

Articles du cahier des charges relatifs à la combinaison
financière.

Art. 2.

« Les fermiers s'engageront à effectuer, dans le délai
« de quinze ans, à leurs frais, risques et périls, les travaux

« nécessaires pour mettre les canaux désignés dans l'ar-
« ticle précédent en parfait état de navigabilité, et à con-
« sacrer à ces travaux une somme qui pourra s'élever
« jusqu'à concurrence de 40 millions, si le Gouvernement
« le juge nécessaire.

« Ces travaux seront classés en travaux de première et
« de deuxième urgence, et il sera affecté à chaque caté-
« gorie de travaux une somme de 20 millions.

« Il est accordé un délai de trois ans au plus aux fer-
« miers pour la préparation des plans et devis.

« A l'expiration de ces trois années, il sera dépensé,
« pendant chacune des cinq années subséquentes, une
« somme au moins égale au cinquième de la dépense re-
« connue nécessaire pour l'achèvement des travaux de
« première urgence.

« Le Ministre des finances répartira sur les divers ca-
« naux qui feront l'objet d'adjudications partielles les dé-
« penses et obligations résultant des paragraphes pré-
« cédents.

« Les travaux de deuxième urgence devront être exé-
« cutés dans les sept années qui suivront, de manière à
« être achevés à la fin de la quinzième année. Dans le cas
« où l'exécution des travaux reconnus utiles par le Gou-
« vernement, dans le cours des quinze premières années,
« n'aurait pas absorbé la somme intégrale de 40 millions,
« les fermiers demeureront tenus d'effectuer les travaux
« complémentaires qui pourront être, à toute époque,
« exigés par le Gouvernement, jusqu'à concurrence de
« ladite somme de 40 millions.

Art. 3.

« Les fermiers s'engageront, en outre, à racheter les
« actions ayant droit éventuel sur la jouissance des ca-
« naux ci-dessus désignés. Ce rachat aura lieu, soit à
« l'amiable, soit aux termes de la loi du 20 mai 1845, les
« fermiers étant substitués dans ce cas au lieu et place de
« l'État, sauf pour le choix des trois arbitres qui devront
« représenter l'intérêt de l'État comme propriétaire des
« canaux; lesquels arbitres seront choisis par M. le
« Ministre des finances.

Art. 8.

« La partie du capital affectée au rachat des actions de
« jouissance ne pourra, dans aucun cas, excéder, vis-à-vis
« de l'État et pour l'ensemble des canaux, la somme de
« vingt millions de francs.

Art. 9.

« Le fonds de roulement stipulé à l'article 7 ne pourra
« dépasser, aux regards de l'État, pour l'ensemble des
« canaux, la somme de 5 millions.

Art. 11.

« La garantie de 4 p. 0/0 d'intérêt, spécialement affec-
« tée aux 40 millions destinés à l'achèvement et au per-
« fectionnement des canaux, sera appliquée de la manière
« suivante :

« On déduira des produits bruts :

« 1° Les frais d'administration, d'exploitation, d'en-

« tretien et de perception de toutes les lignes navigables
« comprises dans le réseau ;

« 2° 6 p. 0/0 du capital effectif dépensé pour le rachat
« des actions de jouissance et le fonds de roulement,
« calculés comme il a été dit aux articles 8 et 9.

« Si le produit net, ainsi obtenu, ne représente pas
« 4 p. 0/0 des sommes dépensées par les fermiers en
« travaux d'achèvement et de perfectionnement des ca-
« naux, le surplus sera fourni par le Trésor, sans que l'an-
« nuité, dans aucun cas, puisse dépasser 1,600,000 fr.

Art. 13.

« Pendant les quinze premières années du bail, les
« fermiers auront la jouissance entière des produits des
« canaux.

« Il sera fait partage égal entre l'Etat et les fermiers, à
« partir de la seizième année de jouissance, des produits
« nets perçus sur les canaux.

« Ces produits nets seront calculés de la manière sui-
« vante :

« Sur les produits bruts des canaux, les fermiers pré-
« lèveront :

« 1° Les frais généraux d'administration, d'exploita-
« tion, d'entretien et de perception de toutes les lignes
« navigables ;

« 2° 6 p. 0/0 des sommes avancées par eux pour le ra-
« chat des actions de jouissance, le fonds de roulement,
« l'achèvement et le perfectionnement des canaux ;

« 3° Les sommes avancées par le Trésor, s'il y a lieu, à
« titre de garantie d'intérêt dans les années précédentes.

« Les produits provenant de placements temporaires

« des fonds disponibles se confondront dans les produits
« généraux et viendront en augmentation des recettes
« brutes.

Art. 20.

« Les produits de la pêche, de l'ensemencement et des
« plantations des talus, digues, levées, terrains et francs-
« bords, entreront dans les recettes des fermiers.

« Il en sera de même du produit de la vente des arbres
« plantés sur les francs-bords et dépendances; mais ces
« plantations seront soumises à la surveillance de l'admi-
« nistration forestière.

« Ces agents ne pourront se dispenser de marquer en
« délivrance les peupliers et tous autres arbres, à l'excep-
« tion des bois durs, aussitôt qu'ils auront atteint un mètre
« de tour à la hauteur d'un mètre du sol. »

Évaluation, en chiffres, de la combinaison financière proposée par la Commission.

Essayons de nous rendre compte par des chiffres de la
combinaison financière de la Commission, en supposant
l'affermage général et non l'affermage partiel, l'affermage
général, par les porteurs des actions de jouissance, étant
le seul, comme nous le montrerons tout à l'heure, qui
puisse sortir des propositions de la Commission.

Nous partons des bases suivantes :

1° *Dépenses.* — Nous admettons que les fermiers généraux feraient la même dépense que l'État pour l'entretien et l'administration des canaux, soit 3,100,000 fr.;
c'est leur faire la part belle, car, ainsi que nous l'avons
dit plus haut, si les fermiers ne doivent pas avoir une gestion plus économique que celle de l'État, à quoi bon les
fermiers ?

2° *Recettes*. — Nous admettons que pendant les trois premières années, celles pendant lesquelles les fermiers ne seraient tenus qu'à préparer leurs plans et devis, la recette brute sera de 5,100,000 fr., et la recette nette de 2 millions; et que, pendant les cinq années suivantes, la recette brute sera de 5,600,000 fr., et la recette nette de 2,500,000 fr.

3° *Fonds de roulement*. — Pour une dépense de 3,100,000 fr., couverte par une recette brute de plus de 5,000,000 fr., qui se paye comptant, un fonds de roulement est inutile. Nous supposerons cependant, pendant les premières années, un fonds de roulement de 2 millions; pendant les cinq années suivantes, nous admettrons 5 millions.

4° *Actions de jouissance*. — Nous supposons qu'on emploiera un an pour les racheter. Nous sommes entièrement convaincus qu'elles ne seront pas estimées plus de 8 à 9 millions; nous admettons toutefois 12 millions.

5° *Arbres à abattre*. — Les arbres plantés sur les rives des canaux, ayant aujourd'hui plus d'un mètre de tour à un mètre du sol, et que les agents forestiers ne peuvent pas se dispenser de marquer en délivrance, sont estimés de 5 à 6 millions. Nous admettons 5 millions; nous admettons aussi qu'on prendra cinq ans pour abattre.

Cela posé, si l'on fait année par année le compte du fermier pendant les huit premières années, voici ce qu'on trouve; nous donnons les sommes totales qui ressortent de nos calculs.

1° *Dépenses*.

Rachat des actions de jouissance...	12,000,000 fr.
A reporter......	12,000,000

5

Report	12,000,000 fr.
Améliorations sur les canaux	20,000,000
	32,000,000

2° *Recettes*.

Recettes nettes des trois premières années	6,000,000
Recettes nettes des cinq années suivantes . .	12,500,000
Produits des arbres . .	5,000,000
Compensations d'intérêts	2,500,000
	26,000,000

Somme à débourser par le fermier au bout des huit années	6,000,000

Et au moyen de cette émission de 6 millions de capital, le fermier posséderait :

1° Pour 12 millions des obligations émises pour le rachat des actions de jouissance, et ayant sur les recettes des canaux un privilége annuel de . . . . . . 720,000 fr.

2° Pour 20 millions des obligations émises pour les travaux extraordinaires sur les canaux, et ayant sur les recettes nettes des canaux un privilége de 800,000

Total	1,520,000

Elle assure le placement des fonds du fermier à 25 %. — Ainsi, le fermier, au bout de huit ans, aurait droit à une rente de 1,520,000 fr. pour un capital réellement dépensé de 6 millions. C'est de l'argent placé à 25 p. 0/0, et sans l'ombre d'un risque.

Veut-on supposer que les actions de jouissance auront coûté 20 millions? Dans ce cas la dépense, au bout des huit premières années, est de 40 millions ; la recette descend à 25 millions. Le fermier a dépensé, en réalité, 15 millions ; il a privilége sur les canaux pour :

1° 1,200,000 fr. (6 p. 100 sur 20 millions.)

2° 800,000 fr. (4 p. 100 sur 20 millions.)

En tout 2,000,000 fr., et il a placé ses 15 millions à 13 1/3 p. 100 !

La mise en adjudication est-elle une garantie contre cette exagération ? La Commission dira-t-elle que, lors même que tels devraient être les résultats de ses combinaisons financières, cela ne présenterait aucun danger, attendu que le fermage devant être mis en adjudication, la concurrence des offres réduirait les bénéfices à un taux raisonnable?

Nous pourrions répondre d'abord qu'une adjudication qui ne porte que sur le temps de la jouissance (art. 2 du projet de la Commission) ne peut jamais corriger ce qu'il y a d'excessif dans les concessions financières.

Elle ne l'est pas. Mais nous allons plus loin ; nous croyons qu'il n'y aura pas concurrence, et partant point d'adjudication sérieuse ; nous croyons qu'il n'y aura pas d'offres pour les fermages partiels et qu'il n'y en aura qu'une pour le fermage général ; nous croyons enfin que cette offre unique sera celle des porteurs des actions de jouissance.

En effet, les dix canaux à affermer se divisent en quatre groupes bien distincts, qui sont :

1° Le groupe du Midi (canal d'Arles à Bouc) ;

2° Le groupe de l'Est (canaux de Bourgogne et du Rhône au Rhin) ;

3° Le groupe du Centre (canaux du Centre, du Berri, du Nivernais et latéral à la Loire);

4° Le groupe de l'Ouest (canaux de Bretagne).

Le groupe du Midi peut facilement trouver des preneurs.

Le groupe de l'Est peut non-seulement trouver des preneurs, mais encore donner une forte soulte à l'État.

Il en est de même du groupe du Centre, quoique dans une moindre proportion.

Mais il en est tout autrement du groupe de l'Ouest; ce groupe perd annuellement 500,000 fr.; c'est le propre chiffre de la Commission, et cette fois le chiffre donné par elle, page 12, est exact.

A quelles conditions les groupes du Midi, de l'Est et du Centre devraient-ils donc être affermés? A la condition de fournir à l'État des soultes dont l'ensemble s'élèverait à 500,000 fr. au moins. Couvert par ces soultes de ses dépenses sur les canaux de Bretagne, le Gouvernement n'aurait aucun intérêt à les affermer, ou s'il voulait se débarrasser de cette gestion, il donnerait comme prime au fermier les soultes fournies par les autres canaux.

L'opération dont nous donnons ici l'esquisse n'est pas autre en elle-même que l'opération des fermiers généraux. Ce n'est pas faire tort, sans doute, aux porteurs des actions de jouissance que de dire que leur proposition n'est pas, de leur part, un acte de pur patriotisme; en se présentant comme fermiers, ils ont en vue tout simplement une opération financière et sont parfaitement convaincus qu'elle sera bonne. Comment peut-elle l'être avec les 500,000 fr. de perte des canaux de Bretagne, si ce n'est par des excédants supérieurs de recettes dans les autres groupes ? Il n'y a pas, ce nous semble, de contestation possible à cet égard.

Les dispositions proposées par la Commission rendent les fermages partiels impossibles.

Ce qu'ils feraient, l'État peut le faire : cela aussi ne paraît pas contestable.

Il ne pourrait le faire, cependant, que si l'article 3 de la Commission était profondément modifié.

En effet, d'après les termes de cet article, il faut :

1° Que les adjudications partielles, pour être définitives, comprennent l'ensemble des canaux. Or, pour le moment du moins, l'un des groupes ne peut pas être adjugé sans prime au fermier, et nous pensons que le Ministre des finances ne se croirait pas suffisamment autorisé à une pareille concession, si la loi ne lui en donnait pas expressément la faculté.

2° Il faut, et ceci est plus grave encore, pour que les adjudications partielles puissent devenir définitives, qu'une adjudication générale ne donne pas de résultats plus avantageux que celui des enchères partielles.

Nous connaissons parfaitement cette combinaison à l'usage des greffes des tribunaux, de commencer des ventes de propriétés par des enchères partielles et de les couvrir ensuite par une enchère générale ; mais appliquer un tel procédé à une question de Gouvernement, mais l'employer pour une concession de près de 2,000 kilomètres de canaux, cela ne nous paraît ni raisonnable ni praticable.

Peut-on admettre qu'il se formera des compagnies pour soumissionner partiellement les groupes de l'Est, du Centre et du Midi, quand on leur donne pour perspective la surenchère des fermiers généraux, surenchère où il suffira à ceux-ci de baisser d'un mois les temps de jouissance pour absorber tous les groupes à leur profit?

La formation de ces compagnies partielles, alors même que la question des actions de jouissance serait préalablement résolue, est une œuvre qui demande beaucoup de peines, de soins et de temps. Si les chemins de fer, dont la popularité est si grande encore, trouvent cependant, et depuis longtemps, les capitalistes froids et irrésolus, à plus forte raison, les canaux sur lesquels tant de fausses notions ont été répandues. Le nombre des hommes qui les connaissent et les apprécient n'est pas illimité. Pour former des compagnies qui se chargent d'entreprises comme le groupe de l'Est, qui a 593 kilomètres de développement, et comme le groupe du Centre, qui en a 817, il faut, outre les capitaux, et des lumières et de la résolution et des études très-attentives. Tout cela se trouverait, nous n'en faisons pas de doute; mais ne se trouverait qu'à la condition de pouvoir aboutir à un résultat sérieux; à la condition de supprimer cette clause extraordinaire de la surenchère; car, en présence de cette perspective, il n'est pas un capitaliste sérieux, pas un industriel important qui consentît à consacrer une heure de son temps à ces affaires, et à leur donner par sa soumission un crédit qui profiterait à d'autres infailliblement.

On ne peut pas constituer de compagnies sérieuses de canaux tant que la question des actions de jouissance demeurera pendante.

À plus forte raison, cette impossibilité des fermages partiels se rencontrerait-elle tant que la question des actions de jouissance ne sera pas résolue. Il n'y a de possibilité de constituer des compagnies de canaux que si, en les chargeant du rachat des actions de jouissance, on leur fait connaître le chiffre et la limite de leurs obligations; mais leur demander de constituer des affaires dans lesquelles l'avance de fonds la plus importante se-

rait réglée par l'estimation *à venir* d'un tribunal arbitral
où les soumissionnaires n'auraient pas même un membre
à nommer ; les déterminer à risquer leurs fonds sur une
simple présomption ; à décider par elles-mêmes d'une valeur sur laquelle tant d'opinions différentes ont été émises
et qu'une commission parlementaire a élévée jusqu'au
chiffre de 20 millions, en laissant même entrevoir que ce
chiffre pourrait bien être dépassé, en vérité, tout cela est
de l'impossible pur.

Pourquoi la Com-
mission a inséré ces
dispositions dans
son projet de loi.

La Commission compte dans son sein trop d'hommes
versés dans les affaires de concessions de travaux publics
et dans toutes les plus hautes combinaisons financières,
pour que ces difficultés lui aient échappé. Oui, sans nul
doute, la Commission les a toutes vues ; mais le projet de
loi tel qu'elle l'a présenté était le seul moyen pour elle
d'échapper à d'autres difficultés plus graves encore.

Ces difficultés, elles venaient de l'opinion publique elle-
même. Dans tous les départements traversés par les canaux à affermer, en dehors même de ces départements,
une émotion très-vive s'est manifestée à l'annonce du projet
de fermage général. Nous ne pensons pas qu'on puisse citer
une seule question où se soient rencontrées dix-huit protestations aussi énergiques et aussi formelles des Chambres de
commerce et des Conseils généraux de département.

Elle a senti la
nécessité de paraître
faire des conces-
sions à l'opinion
publique.

Ce renouvellement des fermes générales, cette main
mise à la fois sur la moitié de la canalisation de la France
par des personnes notoirement connues pour avoir de
grands intérêts dans les chemins de fer, cette concession
de plusieurs de nos principaux canaux à des compagnies
qui n'ont jusqu'ici montré, dans la part qu'elles ont prise à

leur gestion, qu'hostilité et fiscalité à l'égard du commerce et de l'industrie, tout cela a paru très-effrayant, très-peu industriel, très-peu commercial.

De la réunion en-
tre les mains d'une
même compagnie
de la ligne de na-
vigation de la Bour-
gogne et de la ligne
du Bourbonnais,

Comment! il s'agit de s'assurer d'un seul coup des moyens d'action sur tous les points du territoire; sur les frontières de l'Est, par le canal du Rhône au Rhin; sur l'Est central, par le canal de Bourgogne; sur le centre, par les canaux du Centre, du Nivernais, du Berri et latéral à la Loire; sur le Midi, par le canal d'Arles à Bouc; sur l'Ouest, par les canaux de Bretagne! Non-seulement il y a là quatre groupes parfaitement distincts, et qu'il n'existe pas l'ombre d'une bonne raison pour réunir dans une même main; mais les deux principaux de ces quatre groupes, celui de l'Est et celui du Centre, loin d'avoir été faits pour être associés ensemble, ont été créés dans le but précisément contraire. Il y a deux voies naturelles pour les communications du Nord de la France avec le Midi; la voie par la Bourgogne et la voie par le Bourbonnais, les canaux du Centre, d'une part, les canaux de l'Est, de l'autre, sont les instruments les plus actifs de cette double communication; et l'on voudrait les réunir dans une même

Cette réunion est
impossible.

main! Non, cela ne saurait être, car ce serait demander au Gouvernement de déserter tout à coup ses traditions, d'abandonner des plans suivis depuis plus d'un siècle avec tant de constance et d'intelligence des intérêts généraux, et de détruire d'un seul coup toutes les concurrences naturelles.

Ces objections nous paraissent sans aucune réplique sérieuse possible; ce n'est pas y répondre, en effet, que de les exagérer et de défendre ainsi l'affermage général contre une accusation de monopole, comme le fait la Commission (page 23) ; les objections que nous venons de résumer ne vont pas si loin et n'en sont peut-être que plus profondes et plus difficiles à renverser. Elles se résument en deux mots : Il est sans exemple qu'aucun gouvernement ait donné la jouissance et la gestion de 2,000 kilom. de canaux à une seule Compagnie ; il est sans utilité de le faire. Il est absolument contraire à tous les intérêts généraux traditionnels de l'industrie et du commerce en France de réunir dans une seule main les canaux du Centre et le canal de Bourgogne.

Aussi, tout en combattant ces objections, la Commission a-t-elle senti la nécessité de paraître y céder. Elle a parfaitement compris que proposer tout crûment à l'Assemblée de donner d'un seul coup 2,000 kilomètres de canaux à une seule Compagnie, et à une Compagnie composée de porteurs d'actions de jouissance, c'était s'exposer à l'échec le plus certain. De là l'introduction dans le projet de loi de la clause d'adjudication et de la clause des fermages partiels. Mais, nous l'avons dit et nous le répétons, ces concessions ne sont qu'apparentes, et elles mènent tout droit à l'affermage général par les porteurs des actions de jouissance.

C'est à l'Assemblée législative à voir si elle veut ainsi engager la moitié de notre navigation artificielle, détruire les belles combinaisons de son système général et toutes les traditions de la canalisation.

L'Assemblée n'a pas voulu mettre dans la même main le chemin de fer de Lyon et celui du Centre.

L'Assemblée consentirait-elle à concéder à la même Compagnie le chemin de fer de Lyon et le chemin de fer du Centre ? Assurément non, et son vote sur le chemin d'Avignon le prouve assez. L'Assemblée repoussera donc la proposition de la Commission qui la conduit infaillible-

Elle ne voudra pas y mettre les canaux du Centre et de la Bourgogne. ment à subir, pour les canaux de la Bourgogne et du Centre, ce qu'elle a si résolument rejeté pour les chemins de fer du Centre et de la Bourgogne.

Nous aurions encore bien des objections de détail à présenter sur le cahier des charges de la Commission, mais nous nous apercevons que notre travail a pris des dimensions inattendues ; nous abandonnons donc ces détails pour arriver à une question capitale, celle du tarif proposé.

§ V.

Des Tarifs.

Comparons les principaux articles du tarif proposé par la Commission avec les tarifs perçus sur les principaux canaux à affermer.

1º *Fers en barre et autres.*

Tarif de la Commission par tonne et kilomètre.....	3
Canal latéral à la Loire et du Berri	3
Canal du Centre et de Bourgogne...............	4
Canal du Rhône au Rhin.................,......	2

2º *Sel.*

Tarif de la Commission	4
Canal latéral et du Berri	3
Canal du Centre et de Bourgogne	4
Canal du Rhône au Rhin....................	2,5

3º *Coke.*

Tarif de la Commission....................	2
Canal latéral, du Berri et du Centre	2
Canal du Rhône au Rhin...................	1
Canal de Bourgogne	3

4º *Bois de charpente et autres.*

Tarif de la Commission....................	3
Canal latéral............................	1,17

Canal du Berri 2,34
Canal du Centre 2
Canal du Rhône 1

5° Pierre à chaux.

Tarif de la Commission 2
Canal latéral et du Berri 2
Canal du Centre 1
Canal du Rhône au Rhin 0,5

6° Minerai.

Tarif de la Commission 1
Canal de Berri, latéral et de Bourgogne 1,5
Canal du Centre 2
Canal du Rhône au Rhin 0,5

7° Houille.

Tarif de la Commission 1,5
Canal du Berri 1
Canal latéral à la Loire 1
Canal de Bourgogne 2
Canal du Centre 1
Canal du Rhône au Rhin 1

Le tarif de la Commission est une aggravation notable des tarifs actuels. Le tarif de la Commission surcharge donc les principaux articles, et lorsque la Commission disait que les fermiers ne demandant pas de dixième de guerre, tandis que le Gouvernement en perçoit un, il fallait diminuer ce dixième sur les recettes, la Commission, sans doute, oubliait toutes ces augmentations.

A part la diminution sur le minerai qui exonère les canaux du Berri, latéral à la Loire et de Bourgogne d'un demi-centime et le canal du Centre d'un centime, mais en chargeant d'un demi-centime le canal du Rhône au Rhin ; à part cette diminution (dont tout le secret est dans le désir qu'avaient les porteurs des actions de jouissance de s'assurer la sympathie ou du moins le silence de quelques maîtres de forges), on voit que le tarif proposé est à peu près partout en augmentation.

Augmentation p^r la houille.

Il l'est surtout pour la houille.

Si nous prenons les quantités de houille qui ont circulé en 1847 sur les canaux à affermer, nous trouvons les résultats suivants :

Tonnes à 1 kilomètre.

Houilles taxées à 1 cent.	Canal du Rhône au Rhin.........	25,768,112	59,609,647
	Canal du Centre...	8,406,990	
	Canal du Berry....	11,204,881	
	Canal latéral à la Loire.........	14,229,664	
Houilles taxées à 2 cent.	Canal de Bourgogne.	7,660,718	10,054,286
	Canal du Nivernais.	1,193,568	
	Canaux de Bretagne et d'Arles à Bouc (évaluation).....	1,200,000	

TOTAL........... 69,663,933

Ainsi, les houilles taxées à 1 centime forment un total de 59,609,647 tonnes à 1 kilomètre, et celles qui sont taxées à 2 centimes ne composent que 10,054,286 tonnes.

Nous rappelons qu'en cette même année 1847 la circulation totale sur les canaux a été de 269,000,000 de tonnes ; ainsi la houille, aujourd'hui taxée à 1 centime, est entrée pour près de 60 millions dans cette circulation totale de 269 ; c'est plus que le cinquième, et moins que le quart.

En 1850, la circulation totale des canaux a été, comme nous l'avons dit plus haut (note de la page 20) de 173,246,777 tonnes à 1 kilomètre ; la circulation de la houille taxée à 1 centime a été de 39,962,162 tonnes, c'est-à-dire, plus du quart de la circulation totale. La houille taxée à 2 centimes a donné 6,990,336 tonnes ; en sorte que la circulation totale de la houille a été de 46 millions de tonnes sur 173 (1).

C'est cet article si important pour les canaux, c'est ce produit qui est la base de tous les autres, et que l'on appelle avec raison le pain de l'industrie, que les porteurs des actions de jouissance veulent frapper par une augmentation de 1/2 centime par tonne et kilomètre.

Parallèlement à ces prétentions des porteurs des actions de jouissance, dont la demande, ainsi que nous l'avons vu plus haut, remonte en 1848, le Gouvernement dans cette même année 1848, rentré en possession du canal de Saint-Quentin qui, à lui seul, voiture plus de

---

(1) Voici le détail de ces circulations :

Canal du Rhône au Rhin	14,270,933	
Canal du Centre (évaluation parce que la houille est confondue avec d'autres articles)	8,000,000	39,962,162 tonnes
Canal du Berri	8,083,094	
Canal latéral à la Loire	9,608,135	
Canal de Bourgogne	5,129,845	
Canal du Nivernais	860,491	6,990,336
Autres canaux (évaluation)	1,000,000	

46,952,498 tonnes.

houille que tous les canaux que nous venons de citer, y réduisait le droit de la houille à 1 centime. Le tarif du canal du Centre était revisé dans cette même année et la houille était réduite à 1 centime ; le canal de la Loire recevait la même réduction ; le canal de Berri y était admis en 1849 ; le canal du Rhône au Rhin, où les transports de cette matière sont si importants et intéressent tant de belles industries, en jouissait depuis plusieurs années.

Lorsque la Commission s'est décidée à admettre le tarif de 1 cent. 1/2 pour la houille, a-t-elle demandé compte au Gouvernement des raisons graves qui l'avaient déterminé à réduire de 2 à 1 centime les droits de la houille sur le canal de Saint-Quentin, le canal du Rhône au Rhin, le canal du Centre, le canal de Berri et le canal latéral à la Loire, c'est-à-dire sur 1,087 kilomètres de canaux ?

S'est-elle demandé s'il y avait justice à ce que le canal le plus important de France, administré par l'État, taxât les houilles du Nord à 1 centime, lorsque les deux tiers de ces houilles sont des houilles étrangères, et que l'on concédât à un fermier général la faculté de percevoir sur les houilles du Centre, de l'Est, de l'Ouest et du Midi, moitié en sus de ce tarif !

L'augmentation demandée sur les houilles équivaut à l'abolition du droit protecteur à la frontière du Nord. Augmenter nos houilles du Centre d'un demi-centime, c'est, dans la lutte qu'elles ont à soutenir contre les houilles belges, à peu près équivalent à l'abolition du droit d'entrée à la frontière (1).

---

(1) Le droit à l'entrée sur les frontières du Nord est, pour les houilles, de 1 franc 50 par 1,000 kilogrammes.

Les houilles de Blanzy ont à parcourir, pour venir à Paris, 253 kilomètres

On nous répond que ce n'est là qu'un maximum légal, et que nous devons nous en reposer sur l'intelligence du fermier.

A toutes ces raisons, dont l'évidence paraît palpable, que répond-on? Que c'est à tort que nous nous inquiétons des tarifs; que ce n'est qu'un maximum légal, et que nous devons nous en reposer sur l'intérêt bien entendu des fermiers pour modérer les tarifs et les rendre supportables pour l'industrie. On nous renvoie, en un mot, à l'intelligence du fermier.

Qu'est-ce que c'est que l'intelligence du fermier?

Nous ne demandons certes pas mieux que d'être convaincus; mais nous ne pouvons pas cependant ne nous payer que de mots. Nous prions, en conséquence, qu'on nous fasse connaître, par une explication bien nette, ce que c'est que cette intelligence du fermier; à quoi l'on reconnaît l'intelligence de l'administrateur d'une voie de communication.

Le chemin du Nord baisse ses tarifs.

Les administrateurs du chemin du Nord cherchent la prospérité de leur entreprise dans la baisse des tarifs.

Le chemin d'Orléans maintient les siens.

Les administrateurs du chemin d'Orléans défendent, au contraire, le plein de leur tarif comme un article de foi, et s'ils font de légères concessions, c'est seulement *in extremis*.

De quel côté est l'intelligence?

Si les administrateurs du chemin de fer du Nord sont intelligents, et c'est ce que personne ne songe à leur refuser, que sont les administrateurs du chemin d'Orléans? Ne sont-ils pas intelligents? Tout le monde, cependant,

---

sur les canaux à affermer (56 sur le canal du Centre, 197 sur le canal latéral); 253 kil. à 1/2 c. font 1 fr. 265. Ainsi, pour les houilles de Blanzy, la protection contre les charbons belges, descendrait, avec le nouveau tarif, de 1 fr. 50 c. à 0 fr. 235.

Les houilles de Decize, pour aller en basse Loire, prennent aujourd'hui le canal latéral et le canal de Berri. Elles y parcourent 380 kil. Le nouveau tarif les surchargera de 1 fr. 90 c., soit 40 c. en sus du droit aux frontières du Nord.

rend justice à la bonne gestion de cette grande et solide association.

On conviendra que ceci commence à devenir vraiment embarrassant. Cherchons d'autres exemples.

Le Gouvernement, devenu maître du canal de Saint-Quentin, en a abaissé les tarifs, et ceux aussi du canal du Centre dont il a la gestion.

Les administrateurs des canaux de Briare, du Loing et d'Orléans sont renommés pour la ténacité incroyable avec laquelle ils défendent leurs tarifs, sur lesquels ils n'ont commencé que depuis peu de temps à faire quelques concessions.

Où est l'intelligence? est-elle du côté de l'Etat? est-elle du côté des propriétaires des trois canaux?

Nous croyons qu'elle est chez l'Etat aussi bien que chez les administrateurs des canaux; au chemin du Nord, comme au chemin d'Orléans. L'intelligence que l'on a montrée partout a été l'intelligence de l'intérêt bien entendu, l'intelligence de la situation.

L'Etat, quand il a baissé les tarifs du canal de Saint-Quentin et du canal du Centre, a compris que des réductions opportunes de droits sur les matières premières développent la production, activent le travail, et font retrouver au Trésor, par les mille canaux des contributions indirectes, le sacrifice qu'il a pu faire sur les recettes des canaux, en supposant même qu'il y ait sacrifice.

Le chemin de fer du Nord, en présence de la concurrence de la grande ligne de navigation du Nord, a baissé ses tarifs pour se conserver des transports.

Le chemin de fer d'Orléans, qui n'a été jusqu'ici en rivalité avec aucune autre voie de communication, n'a pas

6

consenti de baisse sensible sur ses tarifs. Pourquoi l'aurait-il fait? Les marchandises ne pouvaient pas lui échapper.

Il en était de même des canaux de Briare, du Loing et d'Orléans. Longtemps, ils ont joui seuls et sans concurrence de tous les transports de Loire en Seine. Pourquoi auraient-ils réduit leur tarif? Il n'y avait pas d'autre voie possible que la leur.

On baisse les tarifs quand il y a concurrence ; on les maintient quand il n'y en a pas.

Par des procédés divers, et souvent opposés, c'est donc toujours le même but qui se poursuit ; on baisse les tarifs quand il y a de la concurrence ; on les maintient quand il n'y en a pas. De toutes façons, ce que l'on cherche, c'est le maximum possible de recette. C'est là la vraie intelligence du fermier, et c'est son devoir en même temps que son droit.

Les canaux à affermer ne rencontrent pas de concurrences sérieuses, surtout pour la houille.

Ainsi d'accord sur l'intelligence du fermier, pouvons-nous, nous, représentants des intérêts houillers, nous reposer sur cette intelligence, pour la baisse du tarif en ce qui nous concerne. Quel motif l'y déterminerait? quelle concurrence? Celle des chemins de fer? Mais une bonne partie des canaux à affermer n'a pas de chemins de fer latéraux, ni parallèles, même à grande distance ; ces canaux-là resteront donc sous le plein du tarif quand les autres en seront affranchis. Et puis, cette concurrence des chemins de fer avec les canaux, y croit-on sérieusement pour la houille? Nos frets, nous l'avons dit, arrivent à deux centimes ; le droit nous porterait à trois centimes. Croit-on, de bonne foi, que les chemins de fer puissent, à ces conditions, engager une lutte sérieuse avec les canaux? Le chemin de fer du Nord, avec ses conditions exceptionnelles de traction, avec ses immenses transports de marchandises autres que la houille, et le grand développement qu'il a pu, par là, donner à son matériel, a pris, au canal de St-Quentin, en transports de houille, le dixième, à peine, de sa circulation. Cette expérience, car ce n'est encore qu'une expérience, se continuera-t-elle avec succès pour le chemin du Nord? Quand il faudra sérieusement compter de l'usure du matériel et de la voie, persistera-t-on dans des transports à cinq centimes? Personne n'en répondrait. En tout cas, nous le répétons, il y a là des données tout exceptionnelles, et dont les fermiers de nos canaux n'auraient nullement à s'inquiéter, pour baisser leurs tarifs sur la houille.

Nous n'avons donc pas de baisses de tarifs à espérer.

Et enfin, nous demandons pourquoi le Centre, l'Est, le Midi, l'Ouest de la France seraient soumis à un maximum légal d'un tarif de un centime et demi sous la main de fermiers généraux, lorsque le Nord a le maximum légal de 1 centime sous la main de l'Etat?

Pourquoi les houilles du Midi, de l'Ouest, de l'Est et du Centre seraient-elles taxées à 1 c. 1/2, quand celles du Nord sont taxées à 1 centime?

L'Assemblée ne voudra pas consacrer une pareille inégalité pour une matière comme la houille, ce premier besoin des populations qui travaillent.

Continuons l'examen du tarif.

Pour les bateaux vides, le tarif de la Commission est tel qu'il suit :

Droits sur les bateaux vides proposés par la Commission.

Grands bateaux...... 10 centimes par kilomètre.
Petits bateaux....... 7 cent. 1/2 —
Bachots, ... 5 cent. —

Aggravation considérable des droits proposés sur les droits actuels.

Il y a là une notable aggravation des tarifs actuels.

Sur le canal du Centre, les bateaux vides sont francs de droit. Ils payent 6 cent. 1/2 sur les autres canaux.

Sur le canal du Centre, les bateaux vides ne sont pas taxés.

L'augmentation est donc considérable, et nous ne pouvons douter qu'elle aura échappé à la Commission. Pour-

Les bateaux sont l'instrument de travail des canaux.

quoi surtaxer les bateaux vides? pourquoi même les taxer? Quel est cet impôt sur l'instrument de travail des canaux, alors que cet instrument va chercher du travail? Nous

L'instrument de travail ne doit pas être taxé, surtout quand il cherche du travail.

croyons que, pour les bateaux vides, il faut suivre l'exemple donné par l'État dans son tarif du canal du Centre, et les affranchir de tout droit.

Nous arrivons à deux dispositions tellement extraordinaires dans le tarif qu'il est impossible de supposer que la Commission les ait examinées; elles étaient, sans nul doute, dans le tarif proposé par les porteurs des actions de jouissance, et auront passé par mégarde dans celui de la Commission.

Droit de stationnement proposé sur les bateaux. Cette disposition est sans exemple. Elle constituerait un impôt énorme.
C'est une erreur évidente.

On propose d'imposer les bateaux en stationnement à 1 centime par mètre carré et par jour, et le tarif explique que, pour un bateau de 25 mètres de long sur 4 mètres de large, cela ferait 1 franc par jour (1).

C'est, si nous ne nous trompons, la première fois qu'une pareille prétention se fait jour dans un tarif. Comprend-on qu'on veuille taxer un bateau pendant qu'il est en chargement; qu'on veuille le taxer quand il attend son tour; qu'on veuille le taxer, enfin, dans les temps de chômage pendant lesquels, à moins qu'on ne le tire à terre, il faut bien qu'il stationne dans les ports ou bassins des canaux?

Les bateaux des canaux à grande section ont 27 mètres sur 5, soit 135 mètres carrés. C'est donc 1 fr. 35 c. qu'ils auront à payer par jour de chargement ou de déchargement, de stationnement ou de chômage. La moyenne

(1) Il y a une faute d'impression dans le texte. Il porte : Droit de stationnement par mètre carré de surface occupée *et par kilomètre*. Il est évident que ces trois mots doivent être supprimés.

des seuls jours de chômage sur les canaux à affermer
étant de 88 (c'est le chiffre donné par la commission elle-
même à la page 52 de son rapport), l'impôt à payer par
les bateaux , pour le seul temps du chômage, serait donc
de 118 fr. 80 c.

On calcule, en général, que, pendant le temps de la navigation, le nombre de jours employés par les bateaux à se
procurer du travail , à charger et à décharger (non compris les jours d'arrivée et de départ) est le cinquième du
nombre des jours de navigation. Ce nombre moyen étant
de 277, les bateaux auraient donc à payer 56 jours, soit
75 fr. 60 c., et l'impôt total pesant sur eux, au profit du
fermier, serait de 194 fr. 40 c. Or, les bateaux de nos canaux du Centre valent de 1,500 fr. à 2,000 fr. ; ceux du
canal de Berry valent de 600 fr. à 1,000 fr. !

On voit d'ailleurs que l'impôt serait d'autant plus pesant
que les chômages seraient plus longs, ou que les affaires
iraient plus mal , et qu'ainsi le nombre des jours de stationnement serait plus grand !

C'est de la fiscalité pure, et aussi inintelligente que possible. Nous sommes donc fondés à dire que la commission
a été surprise, ou sa religion trompée.

Il y a un seul cas où le stationnement des bateaux doit
être taxé. C'est celui où ce stationnement a lieu en contra-
vention du règlement de police.

Disposition con-
sacrant une aggra-
vation énorme pour
les petites distan-
ces, et pour la re-
monte à toute dis-
tance.

Nous avons enfin à signaler une des dispositions générales ainsi conçue :

« Pour toute marchandise de 1re, 2e et 3e classe trans-
« portée à une distance moindre de 40 kilomètres , ou à
« la remonte pour une distance quelconque, le tarif ci-

« dessus pourra être relevé de 1 centime par tonne et
« kilomètre, et de 1/2 centime par tonne et kilomètre, mais
« pour les marchandises de 4ᵉ et 5ᵉ classe (La houille
« est de 4ᵉ classe). »

Nous comprenons ce que l'on peut dire sur les surtaxes
pour de petits parcours ; mais nous demandons s'il est bon
et d'une sage économie sociale d'appliquer ces surtaxes aux
matières premières. Cela nous paraît plus que douteux.

Mais ce que nous ne pouvons absolument comprendre,
c'est la surtaxe qu'on demande pour les marchandises à
la remonte sur toute distance.

Impossibilité d'appliquer cette classe.

Anomalies singulières qui en seraient la conséquence.

Qu'est-ce que c'est que la remonte sur les canaux ?

Veut-on dire que tout ce qui vient des lieux de production est en descente, et que tout ce qui y arrive est en remonte. Les usines métallurgiques envoient donc leurs fers
et leurs fontes en descente, et reçoivent en remonte leurs
matières premières, minerais, cokes, castines, etc. Si c'est
là ce qu'il faut entendre, la seule concession apparente du
tarif des porteurs des actions de jouissance disparaît complétement, et se remplace par une excessive aggravation.

Veut-on dire que la descente existe des départements vers
Paris, et la remonte de Paris vers les départements ? Mais
comment envisagera-t-on les transports de la Haute-Loire
sur la basse ? du bassin du Rhône sur le bassin de la Loire ?

Veut-on dire enfin que la descente et la remonte se
règlent par le mouvement même des eaux des canaux ;
qu'on est en descente à partir du point de partage jusqu'à
la plus basse écluse, et en remonte quand on fait le chemin contraire ?

Si c'est là ce que l'on a voulu dire, la fiscalité de cette
disposition n'a d'égale que sa singularité.

Prenons le canal du Berri pour exemple. Les houilles qui partent de Montluçon pour aller à Tours, descendent jusqu'à Saint-Amand; elles remontent jusqu'au bassin de Fontblisse, et de là descendent jusqu'à Tours. Ces houilles auront-elles à subir 1/2 centime de surtaxe dans leur parcours de Saint-Amand à Fontblisse?

Les houilles de Decize, pour aller sur le bassin de la Seine par le canal du Nivernais, doivent remonter ce canal depuis Decize jusqu'au point de partage, à Port-Brûlé, et le descendre du point de partage jusqu'à l'extrémité vers l'Yonne. Les houilles de Decize payeront-elles 1 c. 1/2 sur la seconde partie du parcours et 2 cent. sur la première?

Cette même houillère est située près du canal latéral à la Loire, et c'est par ce canal, et en se dirigeant vers l'Ouest, que ses produits se rendent sur la Basse-Loire; alors ils descendent le canal; quand ils se dirigent vers l'Est, pour aller sur la Haute-Loire, ils remontent le canal. Est-ce que les houilles de Decize, parcourant le canal latéral, payeront 1 c. 1/2 quand elles tourneront à gauche, et 2 cent. quand elles tourneront à droite?

Remarquons enfin que, si c'est ainsi que la clause doit être entendue, la seule concession du tarif disparaît; les minerais de fer sont presque partout en remonte, et seront tous taxés à 1 c. 1/2!

Toute cette fiscalité vraiment odieuse, qui se dissimule dans les détours d'une disposition accessoire, atteste peut-être de l'habileté chez ses auteurs; mais elle prouve, à coup sûr aussi, que la commission s'en est trop rapportée à eux, et que l'intelligence du fermier est une chose à laquelle il faut regarder à deux fois.

Cette clause, où se dissimule une fiscalité odieuse, n'est évidemment pas l'œuvre de la Commission.

§ VI.

RÉSUMÉ ET CONCLUSIONS.

RÉSUMÉ.

L'Assemblée législative se trouve en présence de deux projets : celui du Gouvernement ; celui de la Commission.

Celui du Gouvernement est l'exécution littérale d'une loi antérieure parfaitement sage et réfléchie ; il est simple ; il est pratique ; il répond aux difficultés du moment ; il n'engage rien, il ne compromet rien.

Celui de la Commission tend à engager et à compromettre deux mille kilomètres de canaux, c'est-à-dire près de la moitié de la canalisation entière du territoire ; il aggrave notablement les tarifs de navigation pour l'Est, pour l'Ouest, pour le Centre et le Midi de la France, et place toutes ces régions dans une condition d'inégalité grave vis-à-vis du Nord. Il doit avoir pour résultat certain de mettre dans une seule main des lignes de navigation, dont les plus importantes ont été créées pour se faire concurrence, et de livrer à des financiers, qui ne sont intervenus jusqu'ici dans la gestion des canaux que pour faire preuve d'hostilité et de fiscalité vis-à-vis du commerce et de l'industrie, tous les grands intérêts industriels et commerciaux qui se rattachent à dix de nos principaux canaux.

Aussi ce projet rencontre-il l'opposition très-vive de toutes ces industries, opposition formulée par quatre Conseils généraux, et quatorze Chambres de commerce.

Nous avons établi d'abord que, si la Commission s'était arrêtée à un projet qui a de telles conséquences, cela tenait, sans doute, au système vicieux qu'elle a suivi pour ses informations. Nous avons montré que ces informations s'étaient renfermés dans un cercle très-étroit, et dans des généralités d'où rien ne pouvait sortir d'utile.

Quatre Conseils généraux, quatorze Chambres de Commerce, nous venons de le dire, repoussent énergiquement le projet de la Commission; pas un seul de leurs représentants n'a été entendu.

Les houillères fournissent aux canaux qu'il s'agit d'affermer plus que le quart de leur circulation totale; le Comité des houillères n'a été appelé, ni entendu.

Cette omission inexplicable suffit sans doute à justifier les observations que présente le Comité des houillères.

Il fallait, avant tout, fixer le point de départ et arriver à la vérité sur ces canaux dont la Commission affirme que le fermier qui les prendrait ne tirerait aucun revenu, tandis que le Gouvernement déclare qu'il y trouverait immédiatement un revenu net de plus de 2,400,000 fr.

Cette vérité, nous l'avons cherchée et nous croyons l'avoir péremptoirement établie.

Envisageant d'abord les canaux de 1822 au point de vue de leur utilité générale, nous avons montré que nulle opération ne fut plus féconde et plus créatrice de travail. En comparant la dépense des canaux à leur tonnage circulant, nous

sommes arrivés à cette formule simple autant que saisissante que pour chaque fois cinq centimes de rente qu'ils
ont imposés au trésor public, ils ont créé autant de fois
cinquante francs de travail annuel.

Les envisageant ensuite au point de vue de leurs recettes,
nous avons constaté, par la simple inspection des chiffres
des années 1844 à 1850, une progression constante dans
les recettes, de plus de 550,000 fr. par an.

Nous avons mis ces chiffres en regard de ceux de la
Commission, qui non-seulement laisse dans l'ombre cette
progression des recettes, mais adopte un système de calcul
qui lui donne pour recette moyenne nette des canaux un
chiffre de 562,000 f., de sorte que le même chiffre repré-
senterait, selon nous, la loi de progression, et, selon la
Commission, la recette moyenne.

D'où vient cette différence ?

Elle vient, pour les recettes, de ce que la Commission
admet, pour former la recette moyenne, les années 1848
et 1849, qui sont des années complétement exceptionnelles,
à moins que l'on ne soutienne que des événements sem-
blables à ceux de 1848 doivent régulièrement se produire
tous les six ans. Un tel mode de calcul est donc absolument
inexact, et il le serait encore quand même il ne se trouverait pas dans la série des années aussi anormales que les
années 1848 et 1849. Là où l'on rencontre une augmentation de recette, de chaque année sur l'autre, de 400,000
à 700,000 fr., négliger cette progression et faire des calculs de moyenne, ce n'est pas vouloir la vérité.

Cette différence tient encore à ce que la Commission
confond, dans ses calculs de dépenses, les dépenses ordinaires et les dépenses extraordinaires, confusion tout à fait

inadmissible quand on calcule les recettes des canaux au point de vue de leur affermage.

En effet, d'après le cahier des charges rédigé par la Commission elle-même, toutes les dépenses que le Gouvernement comprend aujourd'hui sous le nom de dépenses extraordinaires, seraient faites par le fermier au moyen de fonds spéciaux pour lesquels le fermier aurait une garantie d'intérêts de l'État, et un privilége sur les recettes des canaux. Le fermier n'aurait donc à mettre en face des recettes brutes des canaux que leurs dépenses ordinaires d'entretien et d'administration. Donc aussi, quand on fait le calcul des revenus et dépenses des canaux dont on propose l'affermage aux conditions que nous venons de dire, il faut prendre d'un côté leurs recettes et de l'autre leurs dépenses ordinaires seulement.

C'est ce que le Gouvernement a fait et c'est ainsi qu'il est arrivé à reconnaître qu'en donnant les canaux à des fermiers, on leur donnait un revenu net de 2,408,000 fr. Toutefois, nous avons dû faire remarquer une erreur commise dans les calculs du ministre, erreur qui réduit à 2,245,000 fr. le revenu net des canaux.

Les bases de la discussion ainsi fixées, nous avons cherché à nous rendre compte des projets de lois présentés par le Gouvernement, l'un pour le rachat des actions de jouissance de la Compagnie des Quatre-Canaux, et l'autre pour le rachat de celles de la Compagnie du canal du Rhône au Rhin.

Nous avons montré que ces deux projets de loi sont l'application pure et simple de la loi du 29 mai 1845, laquelle pose à la fois le principe du rachat des actions de jouis-

sance, et le mode suivant lequel leur valeur sera estimée.
Cette loi entoure ensuite le payement définitif des plus
sages précautions, en réservant le dernier mot à la législature qui seule peut donner force de loi et rendre exécutoire
le jugement prononcé par le tribunal arbitral; comme elle
peut aussi annuler ce jugement, en refusant les crédits de-
mandés, si elle trouve l'évaluation exagérée.

Les projets de loi dont nous nous occupons ne conduisent
donc ni à une évaluation exagérée et qu'il faudrait absolument subir, ni à une dépense obligatoire. Ils constituent
le tribunal arbitral chargé de prononcer sur la valeur des
actions; ils ouvrent l'enquête sur cette valeur, enquête
dont tout le monde sent la nécessité en présence du jeu
considérable que l'ignorance du public a rendu possible
depuis de si longues années sur ces actions. Les projets
de loi se bornent là, et ne peuvent pas aller au delà. C'est
à l'Assemblée qu'il appartient ensuite de dire le dernier
mot quand le jugement arbitral sera rendu. Ainsi, dégager
la question des canaux de l'inconnu qui jusqu'ici a pesé sur
elle; ouvrir l'enquête, faire la lumière sur cette matière
d'un si haut intérêt pour tout le pays, tel est le but que le
Gouvernement s'est proposé, et qui est atteint, sans plus et
sans moins, par les projets de loi qu'il a présentés.

Cependant la Commission rejette ces projets et y substitue
un projet d'affermage des canaux de 1822, auxquels elle joint
le canal du Centre.

Outre les erreurs de faits et de chiffres que nous avons
relevées plus haut et qui fournissent à la Commission un point
de départ absolument erroné, la Commission met encore
son projet sous la protection de certaines doctrines éco-

nomiques qui, suivant nous, ne supportent pas mieux la discussion.

La Commission soutient que les associations privées sont de beaucoup supérieures à l'État pour la gestion des canaux ; mais cette opinion de la Commission demeure dans son rapport à l'état de pure assertion ; elle ne fournit ni une preuve ni un fait à l'appui, et nous ne nous en étonnons pas ; car s'il y a, pour cette gestion des canaux, une supériorité à assigner, les faits tendraient plutôt à la mettre du côté de l'État.

La Commission soutient ensuite qu'en fait de navigation sur les canaux, ce qui importe, c'est le fret, non le péage, et elle ajoute que les réductions de péage ne profitent qu'au transporteur et jamais au consommateur.

Nous avons cité les faits nombreux et notoires, qui établissent que c'est précisément le contraire qui est vrai ; que c'est le péage qui nous importe le plus en matière de navigation, et que c'est au consommateur et à lui seulement que les réductions de péage ont profité.

La Commission reproche ensuite au projet présenté par le Gouvernement de n'être pas complet et de ne pas constituer un système d'ensemble de navigation intérieure bien combiné.

Nous avons montré que le Gouvernement n'ayant proposé de disposer pour le moment d'aucune des lignes de navigation de 1822, le reproche de la Commission portait à faux et qu'au surplus son projet était plus reprochable encore sous ce rapport. Non-seulement, en effet, il ne constitue pas un système général bien combiné, puisqu'il place quatre régions de la France dans une condition évidente d'inégalité avec la cinquième ; et puisqu'il laisse sous des régimes et des tarifs bien différents la seconde moitié des canaux français, dont quelques-uns sont d'une importance capitale ; mais encore il détruit toutes les traditions et les meilleures conceptions de la canalisation générale, en réunissant dans une même main, et sous une même administration, des lignes de navigation créées pour se faire concurrence, et notamment la ligne par la Bourgogne et la ligne par le Bourbonnais.

La discussion ainsi dégagée des erreurs de faits, de chiffres et de raisonnements, commises par la Commission, nous avons abordé l'examen de la combinaison financière proposée par elle pour l'affermage, et nous avons donné dans leur entier tous les articles du cahier des charges relatifs à cette combinaison, afin que chacun pût les juger comme nous.

Essayant d'abord de chiffrer cette combinaison, nous avons montré qu'elle assurait aux porteurs des actions de jouissance, aux termes de la proposition d'affermage général, le placement de leurs fonds à un taux exorbitant.

En vain la Commission repousserait-elle nos calculs par cette considération que, d'après le projet de loi qu'elle propose, il y aurait adjudication des canaux.

Nous avons montré que cette clause d'adjudication, introduite par la Commission au dernier moment et lorsqu'elle a commencé à entrevoir l'émotion générale soulevée par ses projets, n'était qu'une concession apparente et, au fond, irréalisable.

Nous avons montré que la clause de la surenchère stipulée dans l'article 3 du projet de loi au profit du fermier général, rendait impossible les formations des Compagnies

partielles ; que tous les groupes de canaux ne pouvaient
être partiellement affermés ; et qu'enfin, alors même qu'on
aurait fait disparaître ces deux difficultés, l'ignorance qui
règne sur la valeur des actions de jouissance était un obs-
tacle absolu, irrémédiable à la formation de compagnies
de fermages partiels.

Qu'ainsi on restait en face d'une seule combinaison,
celle des porteurs eux-mêmes des actions de jouissance de
1822, et qu'on arrivait par là à la vérité nue de la situation : une spéculation purement financière et dans laquelle il s'agit uniquement de faire payer très-cher, à l'État
et au public, des titres qui n'ont presque aucune valeur
dans les mains de leurs propriétaires actuels.

Quant aux tarifs proposés par la Commission, nous
avons montré qu'ils constituent une aggravation considérable sur les tarifs actuellement perçus; que, pour un
seul article, ils paraissent offrir une réduction; mais que cette
réduction est immédiatement détruite par les dispositions
accessoires du tarif, dispositions qui sont si étranges, si
nouvelles, empreintes d'une telle fiscalité, que nous en
avons dû conclure que la Commission les avait purement
fait passer du projet du tarif des porteurs des actions de
jouissance dans le sien, et sans en apprécier la portée et
l'odieux.

CONCLUSIONS.

De tout ce qui précède, le comité central des houillères françaises se croit fondé à espérer et à conclure :

Que l'Assemblée législative repoussera le projet de la commission et adoptera le projet du Gouvernement ;

Qu'elle pensera qu'il est temps de porter la lumière sur cette question des canaux de 1822, et surtout sur leurs actions de jouissance ;

Qu'elle sera d'avis qu'avant de disposer des canaux, il faut savoir ce qu'ils sont ; qu'avant de racheter leurs actions de jouissance, il faut savoir ce qu'elles valent ;

Qu'elle reconnaîtra que nul moment ne saurait être plus mal choisi que le moment actuel pour engager définitivement, dans une spéculation financière dont les canaux ne sont que le prétexte, deux mille kilomètres de nos lignes navigables, c'est-à-dire près de la moitié de la canalisation générale, c'est-à-dire encore, une portion du domaine public dont la dépense s'est élevée à près de trois cents millions de francs.

Qu'elle remarquera qu'il est sans exemple qu'aucun gouvernement ait donné la jouissance et la gestion de deux mille kilomètres de canaux à une seule compagnie ; qu'il n'y a, en ce moment, ni urgence, ni nécessité de prendre un pareil parti ; qu'on n'en saurait même pas sérieusement justifier l'utilité ;

Qu'elle jugera qu'il est absolument contraire à tous les intérêts généraux de l'industrie et du commerce, à toutes les traditions de l'administration publique, aux conceptions fondamentales de la canalisation de réunir dans une même main les canaux du Centre, et le canal de Bourgogne, et de détruire ainsi les concurrences naturelles;

Qu'elle se refusera à consentir des aggravations de tarifs dans un moment où les industries les plus importantes ne peuvent soutenir la crise qui pèse sur elles que par des sacrifices de tout genre;

Que pour la houille surtout, le premier besoin de toutes les industries, l'Assemblée n'admettra pas les surtaxes qu'on lui propose aujourd'hui;

Qu'elle n'oubliera pas que, depuis 1848, le Gouvernement a baissé les droits sur la houille partout où il en a eu la possibilité; que les houilles circulant au tarif à un centime sur les canaux à affermer, forment plus du quart de leur circulation totale; qu'on ne trouve, dans le rapport de la commission, pas l'ombre d'une raison, pas un fait, pas une chiffre, à l'appui de cette augmentation de moitié qu'elle propose sur les tarifs actuels; qu'on n'y trouve pas un argument, pas un seul mot enfin pour prouver que le Gouvernement a fait erreur quand il a consenti ces réductions, et qu'il faut revenir sur cette erreur;

Que l'Assemblée ne voudra pas consacrer cette inégalité choquante d'un tarif de *un centime* seulement pour la houille circulant sur les canaux du Nord et lorsque la houille étrangère forme près des deux tiers de leur circulation, et d'un tarif de *un centime et demi* sur les canaux de l'Est, du Centre, du Midi et de l'Ouest qui ne transportent guère que des houilles françaises;

Qu'elle sera frappée de ce fait si grave que, tandis que l'on pourrait croire que le Nord, en vue des avantages qu'il peut retirer de cette inégalité, gardera le silence dans

7

cette question, on trouve au nombre des Chambres de commerce qui font entendre les protestations les plus énergiques contre l'affermage des canaux du Centre, de l'Est, de l'Ouest et du Midi, celles d'*Amiens*, de *Cambrai*, de *Lille* et de VALENCIENNES.

Le comité central des houillères a pleinement la confiance et la conviction qu'en présence de considérations aussi graves, de faits aussi péremptoires, de manifestations aussi significatives, l'Assemblée n'hésitera pas à repousser le projet de la Ferme Générale des canaux de 1822; ce projet qu'on lui dit être une grande œuvre de gouvernement, et qui a contre lui le Gouvernement; qu'on lui dit être une grande œuvre industrielle et commerciale et qui a contre lui tout le commerce, toute l'industrie.

Paris, octobre 1851.

TABLE DES MATIÈRES.

II. — DES PROJETS DE LOI PRÉSENTÉS PAR LE GOUVERNEMENT; LEUR CARACTÈRE; LEUR PORTÉE; LEURS LIMITES.

Paris, imprimerie de Paul Dupont,
Rue de Grenelle-St-Honoré, 45.

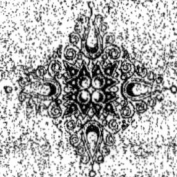

PARIS, IMPRIMERIE DE PAUL DUPONT.

www.ingramcontent.com/pod-product-compliance
Lightning Source LLC
Chambersburg PA
CBHW071505200326
41519CB00019B/5882